U0565829

只有一个扎克伯格

美国吊丝男的成功进化论

金钱、八卦与亿万富翁

十三叔 策划
唐 灿 编著

山西出版传媒集团
山西人民出版社

图书在版编目（CIP）数据

金钱、八卦与亿万富翁：只有一个扎克伯格 / 唐灿

编著.—太原：山西人民出版社，2012.11

ISBN 978-7-203-07778-7

I. ①金… II. ①唐… III. ①扎克伯格，M. 一生平事
迹 IV. ①K837.125.38

中国版本图书馆CIP数据核字（2012）第128219号

金钱、八卦与亿万富翁：只有一个扎克伯格

图书策划：亨通堂
著　　者：唐　灿
责任编辑：张建英
助理编辑：任秀芳
装帧设计：小徐书装

出版发行：山西出版传媒集团·山西人民出版社
地　　址：山西省太原市建设南路21号
邮　　编：030012
发行营销：0351-4922220　4955996　4956039
　　　　　0351-4922127（传真）　4956038（邮购）
E-mail：sxskcb@163.com　发行部
　　　　sxskcb@126.com　总编室
网　　址：www.sxskcb.com

经 销 者：山西出版传媒集团·山西人民出版社
承 印 者：三河市南阳印刷有限公司

开　　本：710mm×1000mm　1/16
印　　张：14.25
字　　数：180千字
版　　次：2012年11月　第1版
印　　次：2012年11月　第1次印刷
书　　号：ISBN 978-7-203-07778-7
定　　价：30.00元

如有印装质量问题请与本社联系调换

目录

不要低估创新者的价值，因为你无法预知未来。扎克伯格创建 Facebook 的历程本身就证明了这一点。

这个世界充满着各种传奇，不论是传奇的当事人还是旁观者，往往都会陷入"走得太快了，灵魂跟不上"的困境。

推荐序 **facebook**

伟大公司的基因

博斯公司大中华区董事长、著名管理咨询专家　谢祖墀

在商业世界中，公司多如牛毛，真正伟大的公司却屈指可数。Facebook 或许还谈不上伟大，不过它从一开始便展现出卓尔不群的特质，从某种角度来看，那未尝不是成长为伟大公司的基因。

吉姆·柯林斯在《基业长青》一书中对卓越公司曾有过这样一番总结："扎根于一套永恒的核心价值观，为利益之外的追求而生存，并能以内生的力量不断地自我更新，因而长盛不衰。"

从哈佛校园里的一间宿舍诞生至今，Facebook 不过 8 岁，要说它基业长青，恐怕为时尚早。互联网经济的最大特点便是阶段性，随潮流变迁而兴灭，微软、AOL、Yahoo 等辉煌一时的公司步入晚年，新兴公司一茬接一茬，既有 MySpace 这样的失落者，也不乏 Facebook 这样的后起之秀。

所谓"江山代有才人出，一代新人胜旧人"，互联网宛若广袤无边的大海，提供了无限自由的商业空间。这意味着，商业新星有可能陡然升起，也有可能转瞬而逝，做"行星"还是做"流星"，不只取决于环境、潮流等后天条件，很多时候也是个体主动选择的结果。

这本《金钱、八卦与亿万富翁：只有一个扎克伯格》在全面回顾 Facebook 创业历程之余，重点从公司、团队、融资、赢利四个方

1

面剖析其成败得失，于潮流变迁和公司沉浮的背景上绣出 Facebook 的独特秉质。用吉姆·柯林斯的观点审视，或许我们会对这家年轻公司的未来抱有信心——它已初具优秀公司的特质。

Facebook 拥有开放、共享的核心价值观。Facebook 问世之前，社交网络热潮早已兴起，MySpace 正当其时，Friendster 奋起直追，其他各式社交网站更是多如牛毛，Facebook 以实名社交的姿态异军突起，不仅将社交网站的历史划为前后两个时代，更极大地冲击了传统互联网产业格局。

马克·扎克伯格始终认为，一个开放、透明的世界有助于人们增进了解、避免分歧，他将这一理念植入 Facebook。与 Google 主导的搜索引擎时代不同，Facebook 开创了社交网络引领的新时代。相比 Google 擅长于人机交互，Facebook 关注的是人与人之间的交流，它抛弃了冰冷、生硬的计算机算法，以人际关系为基础建立开放、共享的平台，使得交流的效率获得极大提升。

通过 Facebook，扎克伯格重塑了互联网面貌。它以更为人性化的信息共享而非搜索引擎为链接触点，依托开放平台与好友推荐的方式，将用户与用户、用户与产品、用户与商家、产品与商家链接起来，实现精准定位与精确传播，最终又聪明地将控制权交到用户手中。

Facebook 强调以产品为本位。马克·扎克伯格是一个完美主义者，他相信，优秀的产品和服务可以带来意想不到的利润，而如果以利益为主导则会损害产品的生命力，最终反而得不偿失。由这个理念聚集起来的 Facebook 团队一直执著于产品和服务，并愿意为此放弃短期利益。

从这条主线出发，扎克伯格与公司的另一创始人爱德华多·萨维林的分歧在所难免，Facebook 拒绝 Yahoo、维亚康姆、Google 等公司的收购也就显得理所当然。扎克伯格的潜台词是：我可以将 Face-

2

book 做得更好，为何还要卖掉？

Facebook 最核心的资产是用户提交的个人真实资料，但它并未擅用这些资料，而是建立了一套全面细致的隐私制度，将主动权交还给用户，在此基础上开发定制广告。可见，它非常清楚自身的优势以及行为的边界——既不讨好用户，也不欺骗用户，而是致力于达成某种共识，由用户自行选择隐私控制的限度。这其中蕴含的逻辑是：做好产品，其余的交给用户解决。

Facebook 提倡永不止步的进取精神。开放、共享是互联网的精神，也界定了互联网商业的框架，在这个框架内的探索推动着产品创新和服务提升。具体到 Facebook 而言，它从学生社交网站到去中心化设计，最后蜕变为开放性平台，这个过程始终围绕着开放和共享这一核心理念。

值得注意的是，Facebook 在推出开放平台之前，自行设计的应用程序用户评价极低，并且产生了极大的成本开支，事倍功半。开放平台架构后，第三方应用成为主流，不仅大大缩减了研发成本，更带来了应用程序的爆发式增长，养活了大批外部程序开发商，其中就包括当下最热门的在线游戏开发商 Zynga。反过来，这些外部开发商又成为 Facebook 的利润来源。

从封闭走向开放是 Facebook 历史中至关重要的转变。它从一个什么都想涉足的无孔不入的管制机器，变身为承载一系列应用开发、设计与交易活动的开放平台，被禁锢的能量由此释放，一发不可收拾。我们可以看到，当今发展势头最为迅猛的另外两件事物——Android 手机系统与苹果 App Store，同样采取了开放平台的商业策略，致力于平台化建设，打造各自的生态系统。

Facebook 的野心显然更大，基于真实身份用户的链接，它似乎有意成为全球"操作系统"。

打个不一定恰当的比方，Facebook 所建立、加强的人际联系，使之成为链接真实个体的神经网络，随着用户数量的暴涨而呈几何级扩张，虚拟网络向真实世界渗透，并最终影响现实社会的运转。

2012 年 5 月，扎克伯格在路演时放言：5 年之后，每一项互联网应用都能够以某种形式与 Facebook 整合。显然，这一图景是基于这样一种经济学认知：自由市场当中，一切生产要素被市场调动、组织和分配，市场作为优化资源配置的"无形之手"掌管一切。由此出发，Facebook 平台只要足够开放、平等、自由，生产要素便会自动奔流而来，落地生根。

没人否认互联网经济的魅力，即便屡遭"泡沫"洗礼，相比传统经济而言，它仍具有难以比拟的吸引力。透过 Facebook 的流行，也许可以揭示这一现象的本质：总体而言，人类社会的发展趋向开放、自由、个体解放与个性释放，而 Facebook 代表的互联网便提供了这么一个试验场。

当然，作为一家公司，Facebook 有其固有使命，但是谁又能说，公司使命与社会使命无法合二为一？对于那些富有进取精神的公司而言，这并不是一件遥不可及的事情。

自 序 **facebook**

扎克伯格传奇故事中的细节

一个个财富传奇总是会让人不由自主地模糊现实中的真实细节。当财富传奇化、成功模式化、企业家明星化，一切都被披上了光鲜亮丽的画皮时，那些包装之后的故事却总是显得那么的苍白和乏味。

曾几何时，那些突兀的眼神、不经意的动作、瞬间的思绪、下意识的习惯，都成为被忽略的细节，成为渐行渐远的片段，是成功人士不愿提及的前尘往事。然而，恰恰这些凌乱琐碎、鲜活生动的真实细节，是所有故事的内核、所有传奇的精华。

毕加索说："当一切细节都被遗忘的时刻，才能产生雕塑。"生活毕竟不是艺术，忘记过去就意味着背叛，遗忘细节无异于自欺欺人。

追求成功没有错，学习成功更没有错。关键的问题是，在这个流行 PS 的世界里，那些传奇故事只剩下空洞的财富、权力、名誉，在一个鼓励复制的社会中，那些传奇故事中主角的身影已经失真。

谁能真正成为我们的成功学导师呢？

扎克伯格，又一个财富神话的缔造者，享受到前所未有的荣耀，也遭受了前所未有的争议，他有自己的成功学导师吗？

在刚刚迈出创业第一步的时候，就面临抄袭创意的指控，尽管真实的情况难以考证；在万众瞩目的新闻采访中，穿着一双露出脚趾的橡胶拖鞋走上舞台，个性使他一贯如此；在 24 岁的时候，有专门的电影为他的成功立传，尽管这并非他所想；在拥有富可敌国的财富的时候，依然租住在一室一厅的老式公寓当中，金钱并非他所想；在 20 岁出头的时候，签署不菲的身家捐赠承诺书……

请忘记他头上的光环、他的财富、荣誉与权力吧！

他从 10 岁开始自学编程，他高中时期拒绝高薪聘请，他在哈佛大学里曾经肆无忌惮，他在加州帕洛阿尔托的创业基地通宵达旦，他在产品推出失败时差点卖掉公司……请关注这些故事的细节。

为了挑战自我，他把打领带、学习中文、只吃自己屠宰的动物设为自己的年度目标；在危机处理中，他学会沟通与妥协，他的方式由强硬变得温和……当然，为了真正的成功，他在心中建立了一个"乌托邦"，尽管深知路途漫漫，但他坚守自己的原则，锲而不舍，孜孜以求。请记住这些真实的细节。

为了企业，为了学习管理，他也曾找各种成功人士交流，与比尔·盖茨、布雷耶、格雷厄姆成为莫逆之交。但是对于扎克伯格来说，他只有唯一的成功学导师，那就是他自己！

每个人都应该成为自己的成功学导师。

杨德昌在电影里说："这个世界上没有一个人知道自己要的是什么。每个人都在等别人告诉他该怎么做，他就跟着怎么做。你只要很有信心地告诉他们，他们要的是什么，他们会感激你。"因此，这是一个充满误导的世界，那些忽略细节的神乎其神的传奇故事，就有着不可忽视的误导性。那些充满着一腔热血的成功冲动、异想天开的致富路径、不择手段的竞争方式的"成功学"，忽视了个体、环境、时空的差异，把每人都逼成了"成功综合症"患者。

原中央电视台主持人、优米网创始人王利芬曾在节目中说过这样一段话："因为我们步伐的加快，因为变化的提速，因为全球的不确定，我们坚持却找不到内心的依据，我们放弃却发现新的开始太艰难，我们寄居在别人的领地却不情愿，我们坚守在自己的船上却难以靠岸，我们徘徊却丧失了应有的机遇，我们奋斗却看不清前方的激流险滩，我们焦虑却不知其所以然，我们淡漠却无法面对内心的呼唤……"

这些都是忽视细节与真实的"成功学"带给我们的隐患。

尽管已经成为了公众人物，但扎克伯格是一个本性害羞、内敛的人，他独特的个性也影响了外界对他的了解，因此有关他的故事的细节变得更加神秘而不为人知，也才会出现电影《社交网络》中的各种误解。在扎克伯格的另类故事中，我尽了最大的努力，挖掘其成功背后的真实细节。

但是，即使是对于扎克伯格这等人物，所谓成功，也永远只是对其过去的一种肯定。2012 年 5 月，扎克伯格带领着 Facebook 上演了一场剧情复杂莫测的悬疑剧。

这个 5 月，扎克伯格忙碌不堪。5 月 14 日，在他年满 28 周岁的当天，女友普莉希拉·陈正好从加州大学医学院毕业；5 月 18 日，Facebook 登陆纳斯达克，遭遇交易故障，惊险重重；5 月 20 日，扎克与女友喜结连理，在加州举行了小型的结婚仪式。

这个初夏，更是风雨交加。伴随上述大事件频频见诸报端的，是社会各界对 Facebook 与扎克伯格的种种质疑。IPO 路演中，扎克伯格标志性的套头衫着装被视为傲慢。上市之后的 Facebook 跌破发行价让人大跌眼镜，作为最大单一股东的扎克伯格迅速套现 11 亿美元让投资者丧失信心。更有甚者，Facebook 股票一度成为美股市场中最大的卖空对象。

至于剧情的发展，是继续险象环生，还是翻盘大逆转，其实不重要。因为短期的情节，都不足以体现 Facebook 的潜在价值，也无法证明扎克伯格及其团队的真正能力。对于年仅 28 岁的扎克伯格以及一直在路上的 Facebook 来说，一切皆有可能。

因此，本书写作的目的，不是鼓励大家去"复制"扎克伯格，也不要把扎克伯格当做导师，因为这毫无必要。我们需要的只是寻找自我、坚持自我、完善自我，当好自己的成功学导师。

序 章 **facebook**

一场被搞砸的大规模IPO

从来没有一家公司像 Facebook 这么充满争议。看涨与看跌，追捧与质疑，总是会有两种针锋相对的观点同时围绕着它，一部分人对它寄予厚望，为之拍手叫好、摇旗呐喊；另一些人则将其视为互联网泡沫的"幕后元凶"、可能引发投资灾难的"魔鬼"，不时站出来泼一盆冷水。

终于，到了答案揭晓的那一天，这个创造全球互联网最大规模 IPO 纪录的新兴公司上演了令人目瞪口呆的一幕。Facebook 的股票以超过发行价10.6%的"天价"登场，疯狂上涨到每股45 美元的巅峰，然后开始下坠，它被纳斯达克的技术故障搞得威风扫地，系统延迟导致了大面积交易失误，带着投资者的失意、叹息、愤怒重重地摔在地上，最后在承销商摩根士丹利的护盘下才稳住阵脚，勉强没有跌破发行价。然而，危机还没有解除。下一个交易日，它不可抑制地破发了，从此之后一泻千里，一次又一次跌破投资者的心理预期。狂欢变成了一场灾难！

一

2011 年的秋天，46 岁的纽约人吉姆·萨普驾车行驶在回家路上，坐在后座的宝贝女儿杰德忽然提了一个让吉姆分神的问题，她说："爸爸，我可以入股 Facebook 公司吗？"

吉姆很注意培养女儿的投资、理财意识，从她懂事起就开始教

1

她炒股，手把手地教她买下了迪士尼、eBay 等几个公司的股票。不过，现在这个问题却让他感到意外。吉姆知道 Facebook 这家公司不怎么热衷于上市，那个著名的 CEO 马克·扎克伯格更是对股票交易退避三舍。可就在他疑惑不解的时候，杰德在一旁提醒说，电视上报道 Facebook 有意公开出售一部分股权。

如果消息属实，那可真是一件大事！要知道，关于 Facebook 的一切消息总能引发密切关注，它的上市更是人们议论的焦点。这家成立于 2004 年的公司在过去几年间以火箭般的速度成长，2011 年夏天它的活跃用户数量突破 7.5 亿，有人开始把它比作仅次于中国、印度的"世界第三大人口国"，而它的市场估值也被推高到 500 亿美元。Facebook 成了 21 世纪最激动人心的创业故事！但这个故事还需要一个相得益彰的结局——那就是上市。对于风险资本和持股员工来说，这是获得回报的最佳方式；而持看涨观点的投资者也希望从它的高速成长中分一杯羹。Facebook 在 2009 年度过盈利拐点之后成为引人垂涎的"现金奶牛"，它在 2010 年净利润高达 6 亿美元，2011 年增至 10 亿美元，这让许多人相信投资它的股票将有利可图。

Facebok 的创始人兼首席执行官马克·扎克伯格不愿意让 Facebook 过早上市，甚至一再推迟 IPO 时间，但随着公司规模的迅速扩大，它触碰了美国证券交易委员会非上市公司股东数量超过 500 名后必须公开运营信息的政策底线。尽管当时正在修订的《就业法》计划把这一限制放宽到 2000 名股东，并且美国法律没有明确规定这种情况下必须上市，许多超过 500 名股东的创业公司仍在保持私有化运营，不过 Facebook 还是决定上市。这个被证实的消息让很多人眼中放光。

和许多美国中学生一样，杰德也是 Facebook 的粉丝，当然，她还无法理解商业世界复杂的游戏规则，只是单纯出于对熟悉事物的喜爱，希望拥有一些 Facebook 股票。她的提议在父亲心中引起了涟

漪。吉姆手里有几万美元，那是杰德读大学的教育存款，既然杰德
还有几年才到上大学的年纪，他决定试一试，如果 Facebook 股价的
走势像谷歌上市时那样，一定可以大赚一笔。

　　然而，抱有相同想法的人不止吉姆一个，某种程度上，这导致
了他在二级市场的购股以失败告终——有人愿意出更高的价钱从 Fa-
cebook 持股员工手中抢购股票。作为上市的前奏，同时也为了兑现
利益承诺，Facebook 员工在二级市场交易他们持有的股票，在看涨
行情的鼓舞下，许多像吉姆一样的投资者跑到二级市场抢购，将 Fa-
cebook 股票的成交价一路推高。

　　2012 年新年过后，Facebook 股票交易量在二级市场上开始逐渐
活跃起来，成交价在每股 34 美元上下浮动。2 月份，Facebook 正式
向美国证券交易委员会提交 IPO 申请，二级市场股价迅速突破每股
40 美元，一度达到每股 44 美元。它变成了一场有钱人的游戏，一场
预设立场的豪赌，已经得手的投资者开始期待上市后一夜暴富，而
吉姆那样囊中羞涩的投资者只能把希望寄托于 IPO。

　　这样，Facebook 上市之前就被贴上了一张耀眼的标签——"10
年来最不容错过的 IPO"。

二

　　美国时间 2012 年 5 月 18 日，万众期待的日子到了。这天上午
9∶15，马克·扎克伯格在位于加利福尼亚州门罗帕克的 Facebook 总
部敲响了远程上市钟，几千公里之外的纽约，Facebook 登陆纳斯达
克市场，华尔街拐角的大屏幕上出现了蓝底白字的 Facebook 图样，
行人纷纷驻足拍摄。

　　然而，Facebook 非但没有迎来满堂彩，从上市钟声敲响那一刻
起，便陷入厄运之中。

按照计划，Facebook 股票应于当天上午开始交易，以每股 38 美元的发行价发售 4.2 亿股，共筹集 160 亿美元。但意外发生了。纳斯达克交易系统出现技术故障，交易被推迟了 30 分钟，随后纳斯达克使用一个二级系统紧急启动 Facebook 股票交易，但技术故障仍未排除，交易系统出现严重延迟，交易员在两个小时后才能看到他们的订单信息，对于瞬息万变的股票交易市场而言，分秒之间的误差就能导致截然不同的结果，这次故障简直就是致命的失误。

混乱局面迫使一些大型投资者取消了购股计划，另一部分投资机构由于延迟问题无法及时看到交易信息、下达重复购买指令因而蒙受巨大损失。初步统计，花旗银行损失了 2000 万美元，Knight Capital 损失了 3540 万美元，瑞士银行损失最为惨重，损失了高达 3.56 亿美元。

这扇了纳斯达克一个响亮的耳光。纳斯达克大肆鼓吹、四处标榜的先进电子交易系统把 Facebook 从纽交所争夺过来，结果却把如此重要的一笔 IPO 搞砸了。

纳斯达克愿意向受损者支付 6200 万美元补偿金，但大多数受损机构并不领情——这只是 5 亿美元损失的九牛一毛。他们坚持认为纳斯达克应付全部责任，花旗银行率先向美国证券交易委员会提起诉讼，投诉纳斯达克在这次 IPO 中的疏忽大意，并要求纳斯达克赔偿因此造成的全部损失。

对 Facebook 来说，一张 160 亿美元的支票已经稳稳地捏在手中，IPO 已经过去了。

然而，Facebook 的危机才刚刚开始，紧随着这场混乱的 IPO 而来的，是股价的疯狂下跌。5 月 18 日，在投资者的追捧下，Facebook 以每股 42.05 美元开盘，这已经高出每股 38 美元的发行价 10.6%，照此计算，Facebook 的市场估值高达 1151 亿美元，远超戴尔、惠普、亚马逊的市值。

但这还不是最高价。Facebook 一直上涨到每股 45 美元的高位，从那之后，上涨画上了休止符。那一天纳斯达克闭市时，Facebook 以每股 38.23 美元收盘，仅仅高出发行价 23 美分。这是承销商护盘的结果，摩根士丹利在 Facebook 股价低于每股 38 美元时介入，稳定了市场行情。

接下来的周末并不平静。马克·扎克伯格和他的华裔女友普莉希拉·陈走入了婚姻殿堂，时间是 5 月 19 日，Facebook 上市第二天，他们在加州帕洛阿尔托的家中举办了一场低调的婚礼。那天恰好也是扎克伯格 28 岁的生日，他似乎是用这样的方式宣告自己的成人礼。

5 月 21 日，新一周开始了，纳斯达克开市后，Facebook 股价急速下坠，最终跌破每股 38 美元发行价。此后虽有小幅上升，但 Facebook 股价的下跌势头难以遏制，并带动全球社交网络公司的股价集体跳水，社交网站 LinkedIn、社交游戏厂商 Zynga 股价均有不同幅度的下跌，中国的人人网股价更是暴跌 21.15%。

这只是开始。此后 Facebook 股价一路下行，经过两次小幅回升，最终在 6 月份跌破每股 26 美元，报收于每股 25.75 美元低点，这是 Facebook 股价波动图上的第一个大低谷，也是 Facebook 上市后的一次滑铁卢。接下来一个月，Facebook 的股价反弹到每股 33 美元，然后又开始震荡下挫，终于在 2012 年 9 月跌破每股 18 美元——不到 4 个月的时间，Facebook 的市值蒸发了超过 500 亿美元。

资本市场变幻莫测，一系列事件积蓄的能量往往在一瞬间爆发。追求短期收益的投资者最容易受到股价波动的影响，呈现出一种集体癫狂。这种非理性灾难曾在历史上无数次上演，现在轮到了 Facebook 头上。与 IPO 前高涨的投资热情截然相反，Facebook 上市后糟糕的表现引来一派嘘声，投资者用抱怨、咒骂发泄希望破灭的不满，甚至要求马克·扎克伯格引咎辞职。

三

扎克伯格当然不会辞职。就像鸟儿爱惜羽毛一样，他比任何人都珍视 Facebook，为了把 Facebook 牢牢抓在手中，他尽一切可能增加自己的控制权。但是与此同时，他也比任何人都不关心股价波动，他也从未把那些嘘声放在心上。早在 IPO 前，他就在招股书附加的公开信中声明："Facebook 的存在是为了使世界更加开放和紧密联系，而不仅仅是建立一家公司。"

在扎克伯格看来，Facebook 致力于为世界创造真正的价值，应该将用户而非股东放在首要地位。

这并不意味着对股东的轻视。事实上，在招股说明书与上市公开信中，扎克伯格开诚布公地把 Facebook 的优势与不足、增长放缓、成本攀升、营收同比减少等情况和盘托出，并无隐瞒欺诈之意。不过，信息披露是一回事，投资者的判断和选择是另一码事。亢奋的投资者被投资热情鼓舞着，蜂拥抢购 Facebook 股票，成为这家近 10 亿用户公司股东的迫切愿望和发财美梦让他们做出了非理性的购买决定，对于招股说明书中披露的问题，大多数人其实并没有放在心上。

在这期间，Facebook 承销商做了一件有争议的事情。Facebook 进行路演时，摩根士丹利领衔的承销商下调了 Facebook 营收预期，并在上市前几天向大型客户发出盈利警告，这些投资机构随后作出了保守调整，下调了 Facebook 的收益和收入估计。但为数众多的散户投资者并没有接到同样的警告。显而易见，承销商有一定的偏向性，不可能做到绝对的客观公正，他们服务的对象是有钱人、大公司和超级富豪，是对冲基金、共同基金和养老基金等大型机构客户，而不是普通人，更不是穷人。这就是华尔街的游戏规则——机构投资者通常会获得特殊待遇，掌握散户投资者无法获悉的信息，而中小投资者往往成为信息不对称的受害者和埋单者，这种情况由来已久。

Facebook 聘请了摩根士丹利、摩根大通和高盛等 30 多家承销商协助它发行股票，摩根士丹利以其在高科技领域的辉煌业绩成为主承销商。正是在摩根士丹利财务顾问的怂恿和鼓动下，Facebook 首席财务官埃博斯曼（David Ebersman）作出了一个重要决定：把股票发行量增加 25%，将发行价从每股 28 美元至 35 美元上调到每股 34 美元至 38 美元区间，并最终定为每股 38 美元。

定准发行价并不是一件容易的事情。摩根士丹利在 LinkedIn、Zynga 上市时分别因定价过低和过高招致批评和非议。调低发行价对投资者有利，通常可以让他们从股价上涨中获得丰厚回报；调高发行价则对上市公司有利，意味着以高价卖出股票、募集到更多资金的可能性。

但是，在扩大发售规模的同时调高发行价的情况极为少见，这是违背市场规律的行为，等于用较高售价卖出更多的商品。Facebook 之所以敢这么做主要基于两个原因：一方面受到市场强烈需求的推动，另一方面也是为了"圈回"更多的资金。然而，每股 38 美元的发行价榨干了 Facebook 的剩余价值，留给投资者的利润空间已经微乎其微，市场需求因此回落，一些精明的投资者止步观望，还有一些人由于定价过高而却步，就这样，他们幸运地躲过了随之而来的灾难。

即便如此，仍有成千上万的投资者被套了进去。现在，他们不得不静下心来，耐心等待股价回升。如扎克伯格所愿，他们被迫成了所谓的"价值投资者"。然而，Facebook 和它的承销商却在闷头发大财，30 家承销商赚取了高达 1.76 亿美元的承销佣金，摩根士丹利拿走了 6800 万美元的佣金，剩下大部分落入摩根大通、高盛的腰包，与此同时，160 亿美元流入了 Facebook 的银行账户。

四

如果说 IPO 之前扎克伯格还能超然物外，Facebook 登陆纳斯达克之后，情况就不同了。

作为一家上市公司，Facebook 有义务对投资者负责，扎克伯格也不得不接受股票市场的游戏规则，按照约定俗成的规矩行事，而不能再像从前那样一味地追求技术和趣味，漠视商业利益。

这才是真正的"成人礼"。2012 年 8 月，在 Facebook 上市三个月后的一次员工会议上，扎克伯格前所未有地对公司股票表达了忧虑之情，他承认股价下跌让他不太好过，并用了"痛苦"一词形容自己的感受。为了稳定军心，扎克伯格声称在一年之内不再抛售自己持有的股票，与此同时，他还号召员工不必在意一时的股价波动，把目光放得长远一些。然而，面对套现的诱惑，持有期权的员工纷纷在禁售期满后抛售，摇身一变成为百万富豪、千万富翁，他们身后的 Facebook 股价一落千丈。

从 2012 年 5 月 18 日到 2013 年 5 月 18 日，12 个月的时间中，Facebook 共面临五轮禁售期。2012 年 8 月第一轮股票解禁后，员工、投资人的大规模抛售，让 Facebook 股价惨遭腰斩。2012 年 11 月，在 Facebook 第二轮解禁期内，14.4 亿股将被解禁，Facebook 将面临巨大的卖出压力。据市盈率计算，每股 Facebook 股票的合理价位应该在 10 美元上下。如果扎克伯格和他的团队不能找到一条可行的变现途径，扭转 Facebook 的盈利颓势，股价下跌在所难免。

不论如何，这场万众瞩目的互联网公司第一大规模 IPO 在抱怨和质疑中结束，Facebook 完成艰难转身。

公众的万丈豪情一度把它推向云霄，纳斯达克的严重失误，承销商和 Facebook 管理层的贪婪、虚荣和忘乎所以，又让它从云端坠落到凡间。接下来，到了 Facebook 证明自身价值的时候了。现在，Facebook 拥有庞大的现金储备、近 10 亿全球用户和同等规模的用户信息数据库。它会以此开创一个熠熠生辉的黄金时代，还是一蹶不振，迷失在灼目的金钱堆里？

五

一场令人失望的 IPO 不应该成为否定一家公司价值的理由。市场嘈杂的声音有时候会混淆部分事实，让股价偏离真实价位。事实上，这是一种常态，但是，股价不是一家公司的全部，判别一家公司的价值不应局限于眼前，更应着眼长远，不但要看它现在的资产、收益和模式，还要考虑未来业务拓展、模式创新的可能，也就是说，它能够在现有条件下做什么。

不要低估创新者的价值，因为你无法预知未来。扎克伯格创建 Facebook 的经历本身就证明了这一点。

尽管 Facebook 的股票让许多人牢骚满腹，但是没人否认 Facebook 是一款引人入胜的划时代产品。10 亿用户主动把他们的个人信息写进 Facebook 数据库，在这个网络平台上分享喜怒哀乐，并与其他用户互动交流，用转载和评价将他们喜欢的内容广为传播，这本身就是一种价值选择。在这个过程中，Facebook 的时间线（Timeline）功能悄无声息地记录下每个用户的个人历程，使之超越了社交网络的范畴，在更为广袤的时空维度下绽放光彩。

从营收结构上讲，Facebook 是一家广告公司，其 2011 年总收入为 37 亿美元，其中广告（主要是展示广告）收入高达 31 亿美元。Facebook 的平台优势为商业拓展提供了巨大空间，公司继续挖掘广告潜力的同时，还在电子商务、网络支付等领域布局，其追寻利润点的脚步从未止步。

2012 年 9 月 11 日，Facebook 上市 3 个月又 3 周后，扎克伯格在旧金山举行的 TechCrunch Disrupt 大会上公开亮相，这个 28 岁的超级富豪公布了新的战略计划，"将来有一天会推出自有搜索服务"。

基于真实社交关系和爆炸式增长的海量数据，一个可靠的搜索空间隐然成型，Facebook 不必像搜索巨头 Google 那样从网络世界抓取信息，它有足够的自有空间另起炉灶。搜索引擎是互联网时代最具价值的生产力，社交网络的互动性为追问（在本质上等于搜索）提供了基础，Facebook 能否以此缔造一种全新的、更受消费者欢迎的搜索模式，目前还是一个未知数，但消息本身就足以振奋股价，Facebook 当天以 7.73% 的涨幅刷新了单日最大上涨纪录。

不过就此断言 Facebook 的未来还为时过早。Facebook 此前重金收购的移动应用程序 Instagram、社交商务平台 Karma 正在高速成长，IPO 带来的 160 亿美元储备以及资本市场融资通道为更大规模的收购提供了可能。扎克伯格手中握着一块七巧板，他将拼出一个什么样的 Facebook？

第1章 **facebook**
传奇发生得太快

Facebook 前传

宅男的心血来潮

埋头于程序设计的哈佛高材生、怪才扎克伯格，因为恃才放旷、不解风情，交往多时的女友再也难以忍受他的冷酷与固执，一气之下与他分手。

被女友甩掉——对这个才气不凡、自视甚高的男孩来说，无疑是一件颜面扫地的事情。恼羞成怒的扎克伯格决定发泄自己的怒气。

起先，他在博客上对前女友出言不逊、大爆粗口，之后他决定把怒气发到所有的女生头上。在宿舍的电脑上，扎克伯格敲敲打打了一个晚上，建立了一个叫 Facemash 的校园网站，让同学们对学校里的女生进行评比和打分，看看"谁最辣"，以表达对女生的轻蔑与不屑。

以上只是电影《社交网络》中的情节。

事实上，年轻低调的扎克伯格如果放到一个娱乐八卦的世界里，完全凡善可陈。无所不能的好事者总能掘地三尺，找出吸引眼球的噱头。唯一可以肯定的是，从电影《社交网络》的风靡，可以窥见马克·扎克伯格这位财富新贵的个人魅力。

《社交网络》这部电影的捕风捉影之处在于，在 Facemash 诞生之时扎克伯克的博客日志里，他写了这么一段话："她就是只母狗，我要想些别的事来把她忘掉。"

众多周知，这个名为 Facemash 网站，就是日后让扎克伯格名声大振的 Facebook 的前身。电影《社交网络》将 Facemash 的创意归功于一个闷骚理工科男生失恋后的恶意发泄，把所有的创业动机都归于了"泡妞"，这让当事人扎克伯格感到颇为委屈。

尽管扎克伯格曾经公开表示自己不会去观看《社交网络》，但他似乎言不由衷，最终好奇心还是驱使扎克伯格悄悄地走进了电影院。

在一次媒体采访中，扎克伯格对《社交网络》发表了自己的评论。他说："他们为了创造真实感，做了很多非常有趣的事情。电影里有很多搞错的地方，但也有很多很随意的细节是真实的。我觉得这部电影最有趣的地方是，他们把整个电影的框架弄错了。电影开头是我和一个女孩，她把我情绪搞得很低落。基本上，他们这部电影的框架是，我建立 Facebook 或者类似的东西是为了能得到女孩或者能进入哈佛的各种社交团体。真实生活中了解我的人知道，我现在还是在跟创办 Facebook 之前就交往的一个女孩在约会，所以电影中的情节明显是不真实的。拍这部电影的人对于硅谷人们创造东西的动机的理解与事实非常脱节。他们无法理解，有些人想要创造东西，仅仅是因为他们喜欢这么做。"

也许，这就是天才不为人知的孤独与寂寞。

而真正的事实是，在 2003 年秋季学期的头一个星期，扎克伯格就在哈佛宿舍里捣鼓出了一套名为"课程搭配"（Course Match）的系统。选修课程是大学新生的头等大事。扎克伯格所设计的课程搭配系统能够显示，同一门课程有哪些人选修，某一个人又选修了哪些课程。在这个弥漫着青春气息的校园里，这样一个系统契合了莘莘学子内心深处蠢蠢欲动的渴求，立即受到热捧。

当时的扎克伯格是一名内向的大二学生，是出了名的宅男，混乱不堪的宿舍里堆满了啤酒和红牛饮料的易拉罐。与他朝夕相伴的是桌上的电脑，还有一块两米长的白板，上面写满各种数字和符号。

与之前一个人埋头写程序的自娱自乐相比，这次能够收到周边众人的强烈反馈，这种成就感让扎克伯格感到非常愉悦，让他觉得自己拥有了某种无形的领导力与影响力。于是，在这一年的 10 月份，也就是哈佛大二生活的第二个月，扎克伯格设计出了一个更加炙手可热的网站——Facemash。

与电影不同的是，Facemash 的使用者可以将哈佛校园里任意两个同性同学的照片进行 PK，而并不仅限于女性同学。据说，住在扎克伯格宿舍隔壁的一个同性恋男生，在一个小时之内成为校园内最受关注的男生。

最开始，扎克伯克只是用自己的笔记本运行 Facemash 网站，而且当网站正式公开时，他也只是把网站地址发给了几位自己熟悉的同窗好友。可是，就连扎克伯格自己也没想到的是，从凌晨 4 点网站开通到晚上 10 点半，有 450 名哈佛学生登录网站，投票评选的照片达到了 2.2 万张。

哈佛大学校园里的男孩们不能免俗地疯狂迷恋上这种"辣妹评选"，何况这些都是身边抬头不见低头见、洋溢着青春气息的美女们呢？有些男生为了大饱眼福而登录 Facemash，顿时诞生了 Facemash 的第一批拥趸。

但是 Facemash 对所有哈佛女生进行打分，也惹毛了哈佛两大女子团体——拉丁美洲女子问题组织（Fuerza Latina）和哈佛黑人女子协会（Association of Harvard Black Women），遭到了她们的强烈抗议。

巨大的访问量不仅使 Facemash 的"服务器"——扎克伯格的笔记本死机，甚至也导致 Facemash 所寄身的哈佛大学校园网服务器近乎崩溃。之后不到半个小时的时间里，哈佛大学计算机服务部门的相关管理人员对 Facemash 进行了强制性关闭。

Facemash 风波骤起

2003 年 10 月，哈佛大学校方强制关闭了 Facemash 网站，原因是网站在安全性、版权和隐私保护方面有悖于校方规定。扎克伯格因此被留校察看处分，甚至被要求就自己的行为咨询相关法律顾问。

哈佛大学的本科生中有这样一个传统，新生入学都会拍摄一张照片存档，作为每个宿舍的"花名册"。当然，初入象牙塔的学子们多少有些腼腆和拘谨，因此大多数人都不愿意将这些照片公之于众。

在那个心血来潮的晚上，为了使 Facemash 这个创意得以顺利实现，扎克伯格必须要获得哈佛本科生的照片。于是，他充当了一回"黑客"。

扎克伯格首先是通过哈佛大学罗威尔宿舍楼熟识的一个管理人员，获得了宿舍局域网的密码，潜入其中，获取了部分哈佛本科生的照片。之后，这位朋友拒绝再次为扎克伯格提供便利。于是，处于亢奋状态中的扎克伯格决定自己行动。他溜进了另一栋宿舍楼，通过楼里的局域网网线，下载了需要的照片资料。之后，Facemash 上的所有照片都是通过这种途径获得。

事发之后，对这种不当行为，哈佛大学的校园报《哈佛深红报》（*Harvard Crimson*）给予了不留情面的抨击，冠之以"野蛮编程"的恶名。

2003 年，就 Facemash 事件中的非正常途径获取信息的行为，扎克伯格在《哈佛深红报》上发表了公开道歉，表示"这是不适当的举动"。尽管如此，扎克伯格坚信自己绝非出自恶意。在此之前，据说当时的哈佛学生曾多次向校方申请建立一个网络版的学生目录，学校却对此再三回绝，理由是：一旦公开将会给学校收集学生个人信息制造阻碍。在通过正规途径无法如愿的情况下，一意孤行的扎克伯格铤而走险，因为他始终坚信，"信息应当公开"。

2003 年，就读于哈佛大学心理学系、大学二年级的扎克伯格年仅 19 岁，他所进行的网络窃取行为，从某种意义上来说，仅仅是"无心之错"。

尽管 Facemash 网站搁浅，但是扎克伯格并没有感到沮丧。在受到学校处罚的当晚，他甚至还买来香槟与室友庆祝处罚没有想象中那么重。

然而，室友乔·格林却没有扎克伯格那么轻松。在 Facemash 事件期间，乔·格林出于对扎克伯格与网站的欣赏，协助扎克伯格完成了一些工作。风波之后，乔·格林的大学教授父亲苦口婆心地规劝扎克伯格，岂料扎克伯格置之罔闻。最终这位教授只能对自己的儿子提出强制要求，禁止乔·格林以后再和扎克伯格一块"不务正业"。

因此，在一年之后，扎克伯格中断学业，离开哈佛并创办 Facebook 的时候，乔·格林没有接过扎克伯格伸出的橄榄枝，他选择了继续学习。多年以后，当 Facebook 真正实现辉煌的时候，谁也难以真正揣测到乔·格林内心的遗憾与惋惜。

Facemash 事件，不仅让扎克伯格遭到校方留校察看的处罚，同时，由于网站有对哈佛女生不尊重的嫌疑，学校的黑人女子协会也对扎克伯格的行为表示了强烈抗议，从而结下了"梁子"。

事隔数月之后，哈佛黑人女子协会筹建网站，扎克伯格成为创建网站的技术主力，双方从此冰释前嫌，扎克伯格在黑人女子当中才赢回了口碑。至此，Facemash 风波终于告一段落。

但这一风波，却让扎克伯格这个满脸雀斑、一头卷发、常年以 T 恤加拖鞋的打扮示人的怪才，成了校园里的风云人物。

一夜爆红

这次是动真格的了

Facemash 项目受挫，反而激发了扎克伯格对社交网站更大的兴趣，毕竟 Facemash 如此受到青睐，是用户需求的最真实体现。

当时，社交网站在美国互联网界已经有了星星之火。2003 年，扎克伯格参与创建了一个名为 Friendster 的社交网站。在这个网站上，用户可以自愿填写自己的个人情况，然后与其他用户建立联系，形成社交网络，主要用于学生之间的交友和约会。但是因为技术滞后，这个曾在哈佛大学校园流行了一年的网站渐渐销声匿迹。之后，另一网站 MySpace 声名鹊起，但可惜的是，不知何故，这个名气颇大的社交网站却迟迟没有"攻取"哈佛这座象牙塔。

已经在 Facemash 和 Friendster 上尝到甜头的哈佛学生，对在线花名册的呼声越来越高，在线花名册已经成为人心所向。曾对 Facemash 进行抨击的校园刊物《哈佛深红报》开始转变态度，甚至为合法的在线花名册的建立出谋划策，"在网上放一张快乐的脸：整个学院的电子肖像影集娱乐大众、有益大众"。

2003 年下半学期，在一门名为"图论"的课程上，扎克伯格又一次听到同学们对建立哈佛校园通用肖像影集的强烈期盼。

真正让扎克伯格有所顾忌的是上次的黑客行动。事后，他思考得最多的是如何通过正当的方式建立一个让哈佛学生喜闻乐见的社交网站，以挽回自己的声誉。

寒假来临的时候，扎克伯格已经按捺不住，正式开始行动了。

"只有在网站对自愿上传个人相片的学生进行限制时，许多围绕

着 Facemash 出现的麻烦才能消于无形"，受《哈佛深红报》报道中
这句话的启发，他的网站只提供"舞台"，真正的主角都是用户自
己。由用户自愿上传信息，既尊重了他们的意愿，又保证了信息的
真实可靠，而这正符合日常人际交往的基本要素——自愿与坦诚。

扎克伯格并不想建立一个专供交友和约会的网站，他想要的是
一个满足日常社交需求的交流平台。因此，当用户在 Facebook 注册
的时候，不仅要提供目前交友状态、电话号码以及邮箱等联系方式，
还需要说明自己选择的课程、喜欢的书籍、电影、音乐、座右铭，
甚至包括个人的政治立场、性格特征等。扎克伯格对此解释说："我
们的项目仅仅开通了一条帮助哈佛人分享更多信息的道路……这样
一来，大家就能更多地了解到校园里发生了什么。我想做到这一点，
所以建立了能得到所有人信息的渠道，而且每个人也都能与人分享
自己希望共享的一切信息。"

另外，有别于其他社交网站的是，扎克伯格借鉴了即时通讯软
件中的留言提醒功能。这样，网站可以让用户在时空错位的情况下
实现人际交往，相关的信息也能及时跟进。

综合了课程搭配系统、Facemash 以及 Friendster 等多个项目的创
意，2004 年 1 月，扎克伯格最新创建的网站已基本成型。鉴于 Face-
mash 引发校园网络服务器崩溃的前车之鉴，扎克伯格决定不再寄生
在哈佛校园篱下。1 月 11 日，他注册了域名 "Thefacebook. com"，
向域名公司 Register. com 支付了一年的域名使用费。同时，他找到一
家信息存储公司 Manage. com，租用了服务器空间，为 Facebook 的程
序和数据找到了独立的安身之处。

此时的 Facebook 已经不再是对 Facemash 的简单升级，而是一个
全新的网站。

室友们已经习惯了扎克伯格心血来潮、夜以继日编写程序的作
风，最初都没有太在意他的这个新项目。要想自力更生，就需要资

金，19 岁的扎克伯格必须要找一个合伙人。第一候选人是他在犹太人联谊会上结识的爱德华多·萨维林，他出生于商业大家，商业头脑发达，能够为 Facebook 今后的发展提供建设性意见，同时他不仅个人有一定的投资能力，也是学校投资俱乐部的办事员，有着近水楼台先得月的优势。眼光敏锐而独到的萨维林赏识的自然是扎克伯格的才华，因此双方各出资 1000 美元，成为公司的联合创始人。

2004 年 2 月 4 日下午，扎克伯格在宿舍的电脑上点击了 Facebook 在 Manage.com 的账户链接，在这个历史性的时刻，Facebook 正式诞生了。

相对于做 Facemash 网站时的率性而为，这时的扎克伯格开始变得谨慎，他有意识地采取一些方式对 Facebook 进行保护，避免这个新生儿再次身陷非议之中。可以说，这次他是动真格的了。

在网站中，扎克伯格设计了专门的隐私保护规则：注册需要使用哈佛大学的邮箱，并且必须使用真实姓名。如此一来，用户信息的传播也就限制在哈佛大学的人群当中，有了一定的保护性。同时，用户还可以根据自己的意愿，选择自己信息的公开对象。

在以 Facebook 创始人这一崭新身份接受《哈佛深红报》的采访时，扎克伯格特别强调了自己的良苦用心，他表示"要确保用户上传的信息并非受版权保护"，"成立这个网站不是为了盈利，我没打算出售任何人的电子邮箱地址"。他坦言："我曾经想过，用户也可以把简历上传到我做的这个网站，然后用人公司可以从哈佛的求职者里找寻合适人选。但我不想触及这方面，这会增加网站的严肃性，减少趣味性。"

扎克伯格此番对用户的尊重，以及对网站商业化运作的排斥，以一种独特的"酷"与"炫"吸引着哈佛学子。

风靡常青藤校园

哈佛的校友非常捧扎克伯格的场。Facebook 的链接从扎克伯格所居住的柯克兰宿舍传播开来。哈佛学子自己注册成功后，就马上发邮件给认识的同学，邀请他们加入。如此迅速的传播，使得 Facebook 的用户数量飞速增长。

4 天之后，网站注册人数已经达到 650 人，第 5 天又有 300 多名新用户加入。一时间，Facebook 成为哈佛校园里的人气话题，宿舍、课堂、食堂里的人都在议论这个他们期待已久的新网站。

当个人注册的"点"完成，相互之间的邀请就实现由"点"到"线"的质变，之后交织成"面"——一张社交网，就是水到渠成的事情了。认识新朋友是每个年轻人的需求，在 Facebook 中用户可以去点击另一陌生用户，同时系统会显示出这种"搭讪"的记录，在 Facebook 中，用户们将这种行为称之为"捅一下"，并乐此不疲。

尽管"捅一下"已经成为哈佛校园里最流行的新词汇，但对于这样一个设计，扎克伯格并没有给出冠冕堂皇的解释，他轻描淡写地说："我们认为这是有趣的做法，是一种没有特别意义的特色……运用这个功能吧，因为你不会从我们这里得到解释。"

在交友之余，用户还挖掘出了 Facebook 一些非常实用的功能，他们发布各种通告、发起各种聚会、组织各种集体活动，既快捷又便利。众多像扎克伯格一样"闷骚"的学子们，在 Facebook 上表现得异常活跃，并受到众人的欢迎，他们获得了自信心，日常社交也渐入佳境。

Facebook 还有一项"课程搭配"的功能，扎克伯格把自己曾经开发的这个系统保留下来，可谓是别有用心。推出 Facebook 时新学期即将开始，哈佛学生正忙于新学期的选课。在 Facebook 上，某一门课程有谁选修了，某某好友选修了哪些课程，点击之后一目了然，这显然是深得民心的一项服务。因此，Facebook 能在短时间内迅速增加用户量，是有其独到之处的。

在扎克伯格宿舍里的一块白板上，每日更新着用户的注册量，以及服务项目的点击率。这些数据的走向往往令扎克伯格都感到吃惊。

经过一周的运行，大概有50%的哈佛本科生成为 Facebook 的用户，到 2004 年 2 月底，Facebook 在本科生中的覆盖率已经达到了75%。只要拥有哈佛大学的邮箱，都可以加入这个网站。因此，还有部分哈佛的毕业生和教职员工混迹其中。据统计，在 3 周之后，Facebook 的注册人数已经突破 6000 人。

显然，一个哈佛校园并不能满足扎克伯格的"野心"。在创建之初，他就留了个心眼，因为他在网站的介绍上称 Facebook 为"一个在大学社交圈内交朋结友的在线目录"，并未将网站的"势力范围"局限在哈佛大学城墙之内。

Facebook 在哈佛大学传播开来的第二周，扎克伯格就已经收到了外校的申请邮件，他们也渴望成为 Facebook 的用户。在 2 月底，Facebook 依次向哥伦比亚大学、斯坦福大学、耶鲁大学的学生敞开大门。据当时的校园媒体报道，一周之后，已有近 3000 名斯坦福学生注册，当时斯坦福的校内社交网 Club Nexus 一遇劲敌便呈现疲软之势，该校的校刊以"Facebook 旋风席卷校园"的报道隆重庆祝 Facebook 的到来。

相比在斯坦福的一帆风顺，Facebook 在哥伦比亚的进展缓慢，不过，这倒是在扎克伯格的意料之中。多年之后，扎克伯格才透露自己创业初期的发展战略。当时 Facebook 对外征战的三大学校哥伦比亚、斯坦福和耶鲁，都已经有了相对成熟的社交网站。好胜的扎克伯格特意选择这种兵家必争之地打响第一场战役，"假如 Facebook

在那些学校还能获得成功，并且取代已有的网站，那么我就确定它在其他所有学校都能所向披靡"。

在 Facebook 推出的前一个月，哥伦比亚大学的一名学生推出了一个"CU 社区"，在 Facebook 进入该校前，已经有近 1/3 的本科生使用该网站。甚至，CU 社区的势力也开始渗透到其他周边学校。而耶鲁大学的 YaleStation 是晚于 Facebook 一个星期诞生的约会网站，同时也具备在线相册的功能，在当月底，已经有 2/3 的耶鲁本科生注册成为会员。

如果 Facebook 真的第一时间就攻无不克、战无不胜，那么扎克伯格与其创业团队的成就感将骤然下降。"独孤求败"是无趣的，棋逢对手才会其乐无穷。

常春藤联盟以及同等级的高校学府，其现实生活中的社交活动也非常活跃，因为这些学校的在校学生都基本属于高中校友，因此 Facebook 在这些学校的推广几乎没有阻力。比如，Facebook 在斯坦福大学的大获成功，实际上离不开扎克伯格现实中的社交关系，一位儿时的好友正是该校的学生，他为 Facebook 提供了斯坦福校园局域网的密码、学生邮箱地址以及宿舍的清单。

麻省理工学院、普林斯顿大学、布朗大学、波士顿大学和波士顿学院成为第二拓展梯队。2004 年 3 月中旬，Facebook 用户达到 2 万余人；4 月，Facebook 在这些学府获得全面胜利。

Facebook 并非唯一

此时的扎克伯格年仅 20 岁，Facebook 超乎想象的火爆并没有使他得意忘形。这个犹太青年的淡定、勤奋与远见无不令外界好奇。眼瞅着 Facebook 魅力四射，扎克伯格忙得不亦乐乎。在此期间，他可以连续奋战几天不眠不休，他可以因为工作忘了吃早餐而是每天只吃两顿饭。

Facebook 呈几何级数式的扩张，需要更多的资金支撑，但扎克伯格对盈利、广告或者融资都并没有表现出太多的热情。他并没有忘记自己的初衷，几个月前他创办 Facebook 只是为了对抗哈佛的"不友好"，只是为了让所有的学生在网站上能够自由社交。

随着 Facebook 在各大常青藤校园成功扎营，跨校社交成为一种不可阻挡的趋势。尽管其中不乏质疑的声音，但是经过创业团队的讨论，扎克伯格坚持创立了校际链接的系统，原则是：链接双方进行自愿协商。也就是说，一方可以发出邀请，但必须征得另一方的同意，链接才能建立。

此时，运营 Facebook 的成本日益增加，有 5 台服务器需要托管，每月费用达到 450 美元。两位联合创始人扎克伯格和萨维林不得不再次解囊，又各自投入了 1 万美元。尽管没有收入来源，Facebook 有些捉襟见肘，但扎克伯格似乎心不在此，他关心的只是网站的用户量和点击率。庆幸的是，还有萨维林帮他。当然，这也不得不佩服扎克伯格的识人之道。

从 4 月份开始，萨维林开始在网站上开辟了一些广告空间，各种以大学生为主要服务群体的搬迁、租房、学生用品等广告零星地出现在 Facebook 的页面上。

2004 年 5 月，Facebook 覆盖的学校达到了 34 所，用户量达到了 10 万人，每分钟同时在线的人数也达到数千人，服务器不堪重负。长此以往，网站就无法流畅运行，甚至会出现宕机，用户的使用体验必然大打折扣。因此，扎克伯格做足了预防措施，在每次进行数据库升级或者是服务器重新设置的时候，他都会留出充足的空间，以满足难以估计的 Facebook 用户的火箭式增长。扎克伯格和室友兼创业伙伴莫斯科维茨不得不忍痛放慢了新校园的拓展速度。

其实，此时 Facebook 的市场价值已经被一些人注意到。已经有不少投资人向扎克伯格表达了投资意向。只是，这位有主见的创始人这时并没有在融资方面考虑太多。与萨维林的商业思维不同，只要没到举步维艰的地步，扎克伯格总是不愿意以用户的体验为代价，来获取广告收益。他为网站广告设置了一些"条条框框"：广告只能使用若干种标准尺寸的标题，不得干扰整个网站页面的视觉效果，整个网站的广告数量也要进行严格控制，一些专门服务的广告要求则被一律拒绝。据说，美世咨询、高盛等大型公司都曾被扎克伯格拒绝。

在萨维林的推动下，与 Facebook 最先合作的广告代理公司是 Y2M，这家公司专业代理大学校报网站广告业务。面对 Facebook 惊人的网络流量，Y2M 非常爽快地承诺给予三成的广告收入作为提成。

Y2M 与广告客户的回报是非常理想的。MasterCard 的大学生信用卡业务是 Y2M 推出的第一批广告，在 Facebook 的页面仅仅亮相了一天，MasterCard 收到的信用卡申请邮件比他们预期的一个月的数量还要多一倍。原本只期待一缕春风，得到的却是一个春天，MasterCard 欣喜不已，也成为 Facebook 首个铁杆广告客户。

尽管外界对 Facebook 已经有了很高的评价，但闲不住的扎克伯格并没有全心全意投入在这一个项目当中。当时他还与一位哈佛二年级学生德鲁·麦克科伦共同开发一个新型分享软件 Wirehog。这个软件可以让朋友之间进行数据共享和交换，包括音乐、视频、文本文件等。

暑假很快到来，Facebook 也正常运行。正处于兴头上的扎克伯格决定前往加利福尼亚州帕洛阿尔托潜心开发 Wirehog，因为在这个假期，安德鲁·麦克科伦要去帕洛阿尔托附近的电玩公司实习，而此时已经加入 Facebook 的高中同窗亚当·德安杰罗也正在加州理工大学，更何况，帕洛阿尔托是美国应用科技的发源地，扎克伯格有心来一趟朝拜之旅。

Wirehog 的开发分散了扎克伯格的精力，当然也有另一种可能，Wirehog 也是 Facebook 项目的一部分，因为这个项目完全可以放到 Facebook 上，为用户提供更好的分享交换体验。

有段时间，扎克伯格似乎对 Wirehog 更加情有独钟。2004 年 7 月，在一次与朋友的聊天中，扎克伯格透露了自己对 Facebook 没有信心，他甚至有将其出手的打算。

一个 20 岁小伙子的心理，总是让人难以捉摸。庆幸的是，最终扎克伯格打定主意，一心一意地发展 Facebook。

帕克的出现

带着公司走向正规化

2004 年的夏天，莫斯科维茨、安德鲁·麦克科伦和扎克伯格租住在加州帕洛阿尔托小镇中詹尼弗路上的一套住宅中，他们或埋头编程，或疯狂聚会，或彻夜游戏，好不自在。

而此时也在帕洛阿尔托的肖恩·帕克却心情无比低落，他被投资者从自己创办的公司解雇，经济拮据，连租房的钱都付不起，正准备搬到詹尼弗路上的女友家借住。

正当帕克满头大汗卸行李时，迎面走来一群小伙子，其中一个冲他热情地招呼："帕克！帕克！我是马克·扎克伯格！"

两个月前，扎克伯格与帕克在纽约有过一次见面，而在那次见面前，他们都对彼此颇为欣赏。但这一次相遇，注定意义非凡。一个毁誉参半的人物——肖恩·帕克，就这样走进了 Facebook 的历史。

与扎克伯格的初出茅庐相比，帕克在创业上有了几分沙场老将的味道，尽管此时他也仅仅 24 岁。早在 1999 年，帕克加盟 Napster 网站，首创性地推出了网络下载分享服务，从而对音乐唱片业产生了巨大的冲击，引发业界纠纷，并使得 Napster 名声大振。可惜的是，帕克被公司推向风口浪尖，为了保全 Napster 网站的另一创始人，他们做出了牺牲帕克的决定。被 Napster 抛弃后，帕克与人合伙再次创业，成立了网络公司 Plaxo，提供在线智能通讯录服务。公司发展良好，积累了大量用户，并很快获得大笔投资，但个性张扬的帕克这一次与投资方发生矛盾，被对方抓到把柄，再次离开自己创建的公司。

帕克的市场嗅觉是敏锐的，2004 年 3 月，Facebook 在斯坦福大学、耶鲁大学等校园横行无忌的时候，帕克注意到 Facebook 蓬勃发展之势，主动给扎克伯格发了一封邮件，介绍了自己的经历，并表达了为 Facebook 介绍相关投资方和专利购买等方面的人士的意愿。扎克伯格一直倾心倾力的 Wirehog 项目，正是受到 Napster 音乐分享服务的启发，因而对帕克颇有好感。因此，他请联合创始人萨维林向帕克发出了邀请，4 月初他们相约纽约面谈。

见面后，帕克与扎克伯格相见恨晚，为 Facebook 的发展开怀畅谈。

在加州偶遇的当天，得知帕克的遭遇后，扎克伯格热情地邀请他与自己同住。顺理成章的，帕克成为 Facebook 创业团队中的一员，当年 9 月份的时候，帕克就有了一个新头衔——Facebook 总裁。

帕克的到来并没有受到一致欢迎，他不羁的个人作风掩盖了他出众的商业才华，他随性的生活态度更让 Facebook 团队成员顾虑重重。但扎克伯格始终相信，帕克屡败屡战的经历正是自己缺少的，将对 Facebook 的发展大有裨益。而且，一直以来扎克伯格都在以 Friendster 的失败为戒，而帕克也恰好是这家公司的一个小投资人，与该公司创始人关系亲近。正如帕克自己所说，Facebook 是一个可以纠正 Friendster 错误的机会。

扎克伯格的识人之智又一次得到了事实的证明。

当初在哈佛宿舍起步时，扎克伯格和萨维林并没有正式成立公司的经验，因此，当时成立的公司并非完全意义上的正式机构。没有合同，没有正式员工，没有工资表，没有管理文件，这些都将阻碍 Facebook 的更快发展。

帕克加入后的第一项任务就是让公司正规化。他凭借自己之前积累的人脉关系，为 Facebook 聘请了有经验的专业人士。他邀请了在 Plaxo 纠纷中结识的律师，为公司的管理架构提供了指导性意见，确保公司的合法。

按照美国商业惯例，特拉华州的法规对商业发展最为有利，绝大部分的美国公司都在特拉华州注册成立公司。因此，在第一时间，帕克为 Facebook 在该州申请成立了新的有限责任公司。然后，至关重要的一个环节就是重组，原先设立在佛罗里达州的公司的产品、专利等都被转移到新公司，原公司成为一个空壳。在新公司，帕克对知识产权的归属进行了规范和界定。他将公司的最大资产——Facebook 网站归为公司所有，大部分软件开发设计的专利权归扎克伯格所有，小部分则属于莫斯科维茨。

从公司的发展来看，这次重组是必要的，最大程度规避了可能发生的纠纷，对创始人扎克伯格的权益也给予了保护。但也正是这次重组，加速了另一位创始人萨维林的离开。

作为一个网络公司，最基本的工作是保证数据中心和服务器的正常运行，但自创立伊始，扎克伯格就租用服务器，将数据和服务器寄存在第三方公司。随着 Facebook 的发展，这显然不是长久之计。因此，帕克又一次启用自己的人脉关系，聘请了原 eBay 公司的工程师坦纳·哈利奇奥格卢为 Facebook 服务。直到 2005 年，帕克终于为公司成功获得了 facebook.com 的域名，并修改了网站名称。

凭借多年的商业经验，帕克坚持公司的所有标识和名称都要遵循简明醒目的原则。因此，在帕克的坚持下，原域名"thefacebook"被简化成"facebook"，公司 Logo 也进行了调整。其实，这些细节在当时大多数公司成员眼中无关紧要，但正是这些改变让 Facebook 传播得更快，识别度更高。

要融资也要控制权

Facebook 在学生当中成为人气王，但在高新科技公司云集的硅谷，商界人士对 Facebook 并不感冒。在他们眼中，这只是有几分才干的毛头小子折腾出来的一个难成大器的网站，专门迎合大学生的交友需求。这样的误解，显然极大地影响了 Facebook 在业界的声誉和地位。

直到帕克出现后，他利用自己的经验与人脉，并对公司进行了重组，使之正规化，为 Facebook 赢得了正面印象和行业的尊重。这一时期的帕克，成了公司的形象代言人。

当扎克伯格带领着团队维护网站运行、完善服务功能的时候，帕克需要做的则是融资。

像帕克这样的人才，居然会连续两次被投资方扫地出门，这是他心中难以愈合的创伤。一个人不可能两次踏进同一条河流，但事实上，一个人如果不吸取教训的话，他就会反复犯下同样的错。

因此，在 Facebook，帕克对融资保持着若即若离的态度，他欢迎投资，但又保持着高度的谨慎。而他的这种态度，也深深地影响了扎克伯格。他不断地向扎克伯格强调，不能因为需要几十万美元购买服务器，而丧失对公司的绝对控制权。

慢慢地，开始有风险投资公司的人员前来拜访帕克和扎克伯格。帕克也开始主动出击，寻找合适的投资人。

当时美国有一家专门面向商业人士的社交网站 LinkedIn，创始人雷德·霍夫曼是帕克的莫逆之交。在帕克与 Plaxo 闹得不可开交的时候，霍夫曼给予了他莫大的鼓励和支持。而这位企业家同时也是一名投资人。因此，帕克拨通了他的电话。霍夫曼虽然看中了 Facebook 的潜力，但是，作为另一社交网站的创始人，他不可能再在 Facebook 上进行大笔的投入。因此，他把支付网站 PayPal 的创始人、私人投资者彼得·泰尔介绍给了帕克。

经过交流和洽谈，几天之后，泰尔决定投资 50 万美元，获得 Facebook 10% 的股份。之后，霍夫曼联合另一位朋友共同对 Facebook 投资 10 万美元。帕克与扎克伯格之所以能够非常放心地接受泰尔的投资，那是因为同样作为公司创始人，泰尔尊重对方对公司控制权的把握，同时尊重扎克伯格的发展战略，不进行任何干预。同时，扎克伯格也相信泰尔在成为投资人之后，会不吝将 PayPal 等公司的成功运作经验传授给自己。

有了新的资本注入，Facebook 的董事会结构自然要发生改变。扎克伯格对这一切还处于懵懂状态，唯有帕克非常地谨慎，他要保护好扎克伯格的控制权，不能让自己曾经遭遇的悲剧再次发生。因此，他将 Facebook 的董事会席位设为 4 席，泰尔、扎克伯格和他自己各占一席，剩下的空缺席位则由扎克伯格决定归谁所有。很显然，这就是为了保证扎克伯格不被篡位而特别设定的。帕克后来回忆道："我对马克说，我将尽力支持他，从来没有人这么支持过我。我想成为类似守护者之类的角色，保卫他，使他手上有权力，如此一来，他就算犯下错误也不打紧，而且能够从错误中学到教训。"

在帕克与 Plaxo 公司的恩怨中，当双方谈崩时，帕克在公司的邮箱与办公电脑都被没收，这让他难以忘怀。因此，他在 Facebook 的公司制度中明文规定：任何一个公司创立者以任何原因离职，他都有权利保留工作时的电子邮箱和办公电脑。因此，后来帕克被迫离开 Facebook，他在 Napster 与 Plaxo 时的人走茶凉甚至落井下石的情景都未出现，他依然与扎克伯格保持着友好的关系，长期为 Facebook 的发展出谋划策。

当时 20 岁的莫斯科维茨见证了扎克伯格与帕克关系的日益牢

固，也见证着帕克为公司开启了新的篇章。他说："帕克是公司的创立者之一，而且又在其他公司吃过苦头，这对我们来说受益匪浅。我们根本不知道如何组建一个公司，也不知道如何获得融资，但我们拥有最保守的人士之一来帮我们解决这些问题，设法保护我们的利益。"

霍夫曼和泰尔两位重量级人物的注资，吸引了更多的投资者闻风而来。其中有一位是霍夫曼的得力干将马特·科勒。但此时的扎克伯格并不想再融资，因而婉拒了科勒。

当扎克伯格最初的伙伴萨维林渐行渐远时，帕克作为总裁，必须开始寻找新的公司高层管理人员，他想到了马特·科勒。当时的科勒虽然对 Facebook 有投资意向，但对于是否要投身其中，他还有些犹豫。毕竟他已经 28 岁，而 Facebook 公司里都还是些 20 岁刚出头的小伙子，而他本身所在的 LinkedIn 公司当时被看成硅谷最具发展潜力的公司之一。

很显然，科勒的犹豫说明了他对 Facebook 并不够了解。后来当他亲眼看到 Facebook 服务器的运行数据库时，他当机立断，加入 Facebook，成为扎克伯格不可多得的军师。

马克终于开始专注

Facebook 在快速成长，已经从哈佛宿舍走出来，蜕变成一家发展蓬勃的新创企业。然而公司的创始人扎克伯格似乎还是羞涩内敛、痴迷于技术开发、满脑子的理想主义。

也许是因为 Facebook 发展得太过顺利，让扎克伯格有些不敢相信，也许是好强的他难以割舍一个曾经付出心血又有前景的项目，也许相比起 Facebook 带来的商业效益他更满足于一种理想化的挑战带来的快感，总之，在帕克与莫斯科维茨全身心为 Facebook 谋划更加美好的未来时，扎克伯格却还心有旁骛，他还在与安德鲁·麦克科伦一起开发 Wirehog。

对于扎克伯格的用心不专，Facebook 创业团队一致持反对意见。

帕克是最坚决的反对者。Napster 当年与唱片公司以及传媒公司闹得沸沸扬扬，帕克至今心有余悸。Wirehog 与 Napster 有着相同的隐患——音乐版权问题。一旦 Wirehog 影响力扩大，并应用到用户群体庞大的 Facebook 上，音乐版权问题得不到合理解决，唱片行业必然会对 Wirehog 和 Facebook 发起猛烈攻击。而 Wirehog 不止涉及音乐，还有各种视频、图书文字，麻烦会像雪球一样越滚越大。

为了证明自己的判断，也为了说服扎克伯格，帕克特意带着麦克科伦前往洛杉矶的华纳集团，向华纳音乐集团的首席执行官和华纳唱片的相关负责人进行咨询，两人的意见证实了帕克的担忧并非杞人忧天。而且帕克认为，Wirehog 虽然可以应用在 Facebook 上，但本质上与 Facebook 的发展思路是偏离的，甚至是相悖的，何必为了这样一个不必要的项目，让 Facebook 冒难以预估的风险？

可是扎克伯克并没有因此而放弃，甚至激情更加猛烈地燃烧，他提出了一个 Wirehog 与 Facebook 并肩发展的规划。此时，其他创业成员担心的则是：毕竟精力有限，团队如何分工，如何在继续研发 Wirehog 的前提下不影响到 Facebook 的运营和发展？

帕克对 Wirehog 异常反感，“Wirehog 是一个很糟的点子，它会分散我们大量精力，我们不应该继续发展它”。而此时扎克伯格心中另有想法，“我的人生计划基本上就是，我将以大量的这种计算机应用程序为雏形，然后试着找到人才来为我运营它们”。扎克伯格的理想主义占了上风，帕克请律师为 Wirehog 创立了专门的公司，而扎克伯格为了拉拢与示好，在五个股东的席位上给帕克留了一席。

此时的团队针对两个项目进行了分工，麦克科伦和扎克伯格的高中好友德安杰罗只负责 Wirehog。德安杰罗说："对我们中的很多人来说，社交网站有很多，但 Wirehog 更有吸引力。我自己就使用 Wirehog，我对它极有兴趣，它在技术方面也更有意思一些。"帕克和莫斯科维茨则负责 Facebook。两只分队由扎克伯格共同统领。

2004 年 11 月，Wirehog 开始登上 Facebook 平台。在 Facebook 的页面上如此介绍 Wirehog：Wirehog 是一个社交用途的应用程序，朋友们可以通过该网站互相交流各种类型的文件；可以与朋友分享图片和其他媒体文件；通过该网站浏览并存储文件；经由防火墙转送文件。Facebook 和 Wirehog 是兄弟公司，因此 Wirehog 知道你的朋友是哪些人，这样就可以确保只有你的网络中的那些人可以看到你的文件。

但是，在帕克和莫斯科维茨竭力坚持下，虽然 Facebook 上有 Wirehog 的链接，但有需要的用户要通过下载才能使用它。对于习惯快捷与及时的用户而言，Wirehog 的使用则显得颇为复杂和繁琐，因此并没有扎克伯格预想的那么受欢迎。在现实面前，扎克伯格终于开始妥协，甚至开始与帕克一起拿 Wirehog 作为幌子去搪塞和应付那些他不怎么喜欢的风投公司。

帕克则迫不及待地想要关闭这个链接，以免把 Facebook 牵扯到官司当中。而后来加入管理层的科勒，也表示对 Wirehog 并不感冒，他只愿意为 Facebook 服务。因此，扎克伯格终于放弃 Wirehog，将 Facebook 当做事业重心。

当扎克伯格成为风云人物之后，媒体总是对他的专注充满溢美之词，他们说专注是扎克伯格重要的成功法宝。甚至有 Facebook 的员工这样评价扎克伯格："他很专注，他认定的事绝不改变。从这一点来看，他很傲慢。我认为，他也希望将这种傲慢和自信植入公司内部。这帮助他成为伟大的领导者，一个他人信赖并追随他左右的领导者。"人们已经渐渐淡忘，年少轻狂的扎克伯格也曾经有过心猿意马的时期。

是在帕克、莫斯科维茨、科勒这些创业伙伴的监督、支持、鼓励下，扎克伯格才开始随着 Facebook 的发展成长、蜕变，日益自信，日益专注。

多事之秋腹背受敌

萨维林——渐行渐远

2004 年的暑假，萨维林没有和扎克伯格一同前往加州。萨维林去了纽约，他说他要到一家投资公司打工实习，同时，他也准备借此假期为 Facebook 争取一些广告业务。

来自商业世家的萨维林是个现实主义者，他非常坦诚地表示，参与 Facebook 的创建只是他学生期间尝试的一项商业投资，他并没有为 Facebook 长久奋斗的计划。他的规划是：哈佛本科毕业之后，他将继续学业，前往商学院深造。

在 2004 年上半年的数月中，扎克伯格与萨维林分工明确、配合默契，但是这次假期的各奔西东，就像冥冥之中注定的一样，两人开始一个向左走、一个向右走。

在加州帕洛阿尔托团队中，因为萨维林的缺席，帕克的出现就显得恰到好处。更有实战经验的帕克开始对这家并不规范的公司进行大刀阔斧的重组。而这次行动中，直接冲击的就是萨维林的个人利益，以及他一手创办的原公司体系。

在最初的联合创业中，扎克伯格给予了萨维林 1/3 的股份，之后莫斯科维茨加入后，萨维林的股份降到了 30%。在帕克此次对公司的重组中，萨维林的股份反而上升至 34.4%，莫斯科维茨的股份增加，帕克也分到了一些股份。但关键在于，为了提高团队成员对公司的忠诚度，公司规定，当帕克和莫斯科维茨就职满一年后，他们的股份比例将加倍，萨维林的股份将被极大程度地稀释。团队成员都心知肚明：萨维林的忠诚度是不确定的。

另一方面，重组后的新公司中，服务器和知识产权的管理权被分配到了扎克伯格、莫斯科维茨与帕克手中，萨维林掌管的只是财务：原公司的银行账户，其中包括扎克伯格与萨维林原本的投入以及网站的广告收益。最初萨维林在佛罗里达州成立的公司已经名存实亡。

这一切重组行动都是由当时加州的团队全权负责的，而当时萨维林远在美国东海岸的纽约。后来，萨维林表示自己对重组并不知情，知道之后自然是大为光火。

7 月份，当帕克开始与投资者接洽并计划接受融资的时候，萨维林开始扮演并不光彩的角色。在此期间，他写信给扎克伯格，说最初的公司联合创业协议上承诺将让他参与公司管理，现在他希望得到一份正式的合同，以明确自己拥有管理权。对此，新入伙的帕克嗤之以鼻，他嘲笑萨维林的想法实在太幼稚。

萨维林常常感到十分委屈，他认为自己负责的广告业务进行得非常艰难，但扎克伯格和莫斯科维茨却并没有给予支持和理解。因为他们关心的是网站运行和完善，对经营收入几乎不闻不问。当他将广告商的一些合作方案拿出来讨论时，两人并不积极参与。在这样不配合的团队中，他还达成了与广告代理公司的合作，他对自己的评价是"难能可贵"。

但是萨维林带来的广告收益并不可观。因为精明的广告商需要在服务推出一段时间并且收到明显的反馈和效果之后，才愿意支付费用，因此广告收入不仅是涓涓细流，而且还是断断续续的。为了增加广告收益，萨维林主张在网站页面的顶端留出大幅标题广告的位置。这遭到了扎克伯格与莫斯科维茨的一致强烈反对。

公司重组之后，萨维林更加感到自己被孤立甚至是被抛弃。因此，他与扎克伯格原本应该是业务交流的通话成为无休止的争执。在两位创始人的纷争中，团队成员都一致站到了扎克伯格身后。加州团队认为，一方面萨维林并非全身心创业，而是另有打算，但他却想得到更多的公司管理权，这既不能服众也不负责任。同时，他远在纽约，一边打工挣钱一边洽谈业务，相比通宵达旦的编程工作，不可同日而语，付出与回报不成比例，那是不应该的。甚至，团队成员暗中分析，萨维林本是一个性格和善的人，而他的强硬态度离不开他那位商业大亨父亲的怂恿，"那感觉就像我们在和恐怖分子谈判"。

最终，双方僵持的结果是，萨维林冻结了在佛罗里达的公司的账户。Facebook 陷入无米之炊的状态，而此时网站正急需购置大量新的服务器。为了不让公司因内部纠纷而崩溃，萨维林与扎克伯格各自重新对公司架构进行了调整，但最终互不接受。在这期间，扎克伯格不得不动用自己的积蓄，并依靠父母的资助，凑足 8.5 万美元来购置设备，维持网站的正常运行。直到帕克为 Facebook 引进第一笔天使投资，资金紧张的局面才得以缓解。

协商不成的情况下，扎克伯格以萨维林冻结账户影响公司营运将其起诉。Facebook 成立一年之后的 2005 年 4 月，随着其他成员股份比例的增加，萨维林的股份已经被稀释到 10%。于是，萨维林反诉扎克伯格，称其在未告知并且在未归还原有投资的情况下，重组双方联合创建的公司，并转移资产和股份。

最终，萨维林在官司中胜出，获得了现金和股份的补偿，同时 Facebook 还在网页上标明他为创办人之一。但是在这场争权之战中，萨维林从公司出局。

在公众的议论中，萨维林并未获得好评。因为在关于扎克伯格的创业史小说《意外的亿万富翁》中，根据萨维林提供的素材，扎克伯格被塑造成一个阴暗与负面的角色，这背离了事实的真相。读者认为这是权力斗争失败者萨维林的报复行为。

文克莱沃斯兄弟——所谓剽窃

扎克伯格说："只要我做成功了，就没有哪个资本家不想来插一脚。"

相比于扎克伯格这个技术宅男而言，文克莱沃斯兄弟的确称得上资本家。卡梅伦·文克莱沃斯和泰勒·文克莱沃斯是孪生兄弟，身高 1 米 9，是学校的赛艇手，他们和另一个同学打算创建一个哈佛联谊会的网站，但他们并非程序员。找到扎克伯格之后，他们开门见山，请对方为自己的网站编程，承诺给予费用。当然这些都是口头协议，并未签订正式书面合同。

断断续续的几次见面之后，扎克伯克完成了网站的编程任务，而此时他也开始为自己的网站加班加点。

2004 年 2 月 10 日，Thefacebook 上线的第 6 天，扎克伯格沉浸在用户迅猛增加的喜悦之中，正在此时他接到了文克莱沃斯兄弟的信函。他们认为扎克伯格盗用了哈佛联谊会的创意，要求 Thefacebook 停止运行。同时，他们还向学校管委会进行了投诉，因为 Facemash 事件在这里扎克伯格已有"前科"，文克莱沃斯兄弟确信学校将会对之进行处罚。

哈佛联谊会是有着明确的商业目的，专门提供约会、派对的信息，与筹办方有着利益关联。

在 Thefacebook 中，扎克伯格并没有考虑商业性，其内容也是由用户自己填写上传，其网站主要是作为一种在线花名册，用于加强哈佛学生的内部交流。

原本扎克伯克决定对此置之不理，但一周之后他还是不得不向负责此事的系主任阐述事情的整个经过。扎克伯格表示，在为文克莱沃斯兄弟编写程序期间，"并不喜欢他们的做事方式，因为他们原先许诺提供广告宣传、运行网站必需的硬件设备，甚至是网站用的图表，但是都没能顺利进行"。而且他对他们的经营思路也非常不看好，因此这导致了他后来工作的懈怠和放弃，从而转身投向自己的项目，但对方居然拒付编程费用。

对于对方所谓剽窃的控诉，他感到可笑而又委屈，"我不会仔细观察自己的网站和他们的有什么不同，因为这两者根本是天差地别"。

于是，校方决定对此事不再插手。

在 Thefacebook 开始攻占其他校园时，哈佛联谊会更名为 ConnectU。文克莱沃斯兄弟等人并没有就此罢休，2004 年秋天，他们向法院提起诉讼，列举了扎克伯格剽窃的证据，其中主要包括"为大专院校的学生建立第一个微型的社交网站"，"成为用户个人信息、兴趣爱好、学历的名录指南，一个表达观点和设想的论坛，一个安全的关系网络"，他们认为扎克伯格剽窃了这些创意。

另外，在经营思路上，他们认为扎克伯格同样也"复制"了联谊会网站的思路，包括以校园邮箱进行注册，实施由哈佛向其他学校扩散的发展计划。事实上，这两点完全是"欲加之罪，何患无辞"。因为在 21 世纪初期，几乎所有的社交网站都受启发于鼻祖 Friendster。而以哈佛校园邮箱来进行注册的方式，也绝非哈佛联谊会首创，早在 2001 年成立的斯坦福校园网站 Club Nexus 就设定了这样的要求。

以这些为依据，哈佛联谊会对扎克伯格和 Thefacebook 冠以的罪名是"侵害版权、违反实际或暗示合同规定、盗用商业机密、违反信托责任、不公正地改进、不公平的商业行为、故意阻挠预期的商业利益形成、破坏诚信和公平交易、欺骗以及违背信任"。

也许正是因为与 Thefacebook 的这场纠纷，ConnectU 也跟着沾光，在 2004 年 9 月，ConnectU 在美国 500 所大学拥有了 50 万注册用户。

这场诉讼是 Facebook 发展历程中遇到的第一个大麻烦，这是一场持久战。在 2008 年，Facebook 已经不愿再纠缠下去，于是双方和解，扎克伯格给对方支付了总价值为 6500 万美元的现金和股票。

但是，当 Facebook 的价值愈来愈高，这几位"资本家"的胃口也越来越大。2011 年，扎克伯格再次被这对孪生兄弟告上法庭，却被法院驳回请求，但他们依旧不依不饶，甚至扬言要到最高法院寻求公正。

2011 年，前哈佛校长拉里·萨默斯公开表示："作为一名大学校长，如果一个本科生穿着夹克、系着领带在周四下午 3 点来找你，你知道有两种可能——他们要么正在找工作并且要参加面试，要么他们就是混蛋。这两兄弟就属于后者。"

正所谓树大招风，关于扎克伯格的"抄袭"罪名，还有一个更加离奇的案例：houseSYSTEM 的创始人亚伦·格林斯潘的纠缠。

同在 2004 年 1 月初，正在创建 houseSYSTEM 的格林斯潘曾见过扎克伯格一面，同时还邀请他加入自己的项目，但最终扎克伯格拒绝了他。多年后，格林斯潘在自传中提出，自己"在进入哈佛学院时就创造了 Facebook"。因为在扎克伯格之前，houseSYSTEM 中就有了一个以"Facebook"命名的功能。

2008 年 4 月，他就"Facebook"这一商标注册申请裁决，维护自己的利益。最后，Facebook 也是以赔付的形式解决了这一麻烦。

同行竞争——短兵相接

2004 年，Facebook 创立之时，正是社交网站大发展的第二波浪潮。

社交网站的雏形，最早可以追溯到 1994 年。这一年雅虎推出"地球村"，提供给网友自创个人页面，并展示给朋友。在这里各种名目的"群"开始出现。

基于"六度理论"的网站 SixDegrees 在 1997 年出现，最多的时候拥有了近百万的用户。

2002 年是社交网站发展的一个里程碑。因为这一年，真正意义上的第一个社交网站 Friendster 诞生，同时首创实名制，它已经能够让用户凭借网络上的身份建立相互之间的联系，社交"网"开始逐步形成。

这个风靡一时的社交网站，到 2004 年的时候，因为网站会员太多、服务器的承载能力有限，技术没有及时更新，而后起之秀迅猛发展，因而逐渐没落。2004 年启动的 Facebook 在最初一段时期都是以 Friendster 作为榜样，取其长补其短。

在 2003 年，有一家以音乐推广为主打服务的社交网站 MySpace 横空出世。与之前的 Friendster 以及之后的 Facebook 不同的是，MySpace 无需实名注册。以音乐和匿名为最大的特点，MySpace 很快崛起。

2004 年初，MySpace 已经超越 Friendster，位居社交网站首位。Facebook 面世之后，很长一段时间里都在与 MySpace 进行短兵相接式的竞争。

这一时期的社交网站其实都大同小异，用户建立个人页面，实现与另一用户的联系，从而实现交友，并设置他人查看信息的权限、限制交友范围。

当 Facebook 在哈佛宿舍启动的时候，MySpace 已经在社交网站领域占据了稳固的地位，在美国的用户已经达到 100 万人，到 2004 年 11 月份，用户已经达到 500 万人。

初出茅庐的 Facebook 在形式和体验上并无过人之处，页面简单呆板，功能有限，而且面向的群体局限性强。要想在与对手竞争中获得优势，扎克伯格决定运用逆向思维——建立与 MySpace 截然不同的社交网站，这显然有了针锋相对的意思。

扎克伯格说："在 MySpace 上，人们的简介想怎么写就怎么写，我们一直认为，如果我们对用户做出些许限制，他们将会分享更多信息，因为他们会觉得网站更有秩序，更有安全感。"在服务器的运行上，Facebook 相对 MySpace 灵活；针对 MySpace 对个人资料的不求真，Facebook 要求表里如一；Facebook 只许用户查看同校学生信息，以及成为好友的用户信息，而 MySpace 则可以查看任何人。

当 Facebook 向其他学校进军的时候，采取的是先难后易的策略。这显然为其他竞争对手提供了机会，各种社交网站如雨后春笋般涌现，开始来瓜分市场。如山寨版的"大学 Facebook"专门针对当时 Facebook 势力范围之外的非精英学校，因而提前获得了数十万的用户。文克莱沃斯兄弟的 ConnectU 也面向所有学院开放，迅速获得了不俗的成绩。当时，斯坦福大学有早在 2001 年成立的 Club Nexus 社交网站，用户群体非常稳定；哥伦比亚的内部社交网站 CUcommunity 进行了更名，并走出哥伦比亚，与 Facebook 进行竞争。

面对这些大兵小将的挑战，Facebook 在非常青藤联盟的大学和学院的扩展速度显然有些慢。

因此，除了在策略上秉持"先攻占火热之地"的原则，扎克伯格和他的团队还采用了"包围"计划。为了攻占某个存在竞争对手的学院，Facebook 会对这所学校周边的校园也同时开放。在现实社交中，就近原则是一个不可忽略的因素，因此，扎克伯格认定网络社交与现实社交有着极大的重合。果然，这种夹击包围的策略非常见效，Facebook 的用户数暴涨。

群雄混战的时期并未持续太久，Facebook 能够脱颖而出还是依靠其独特性——早期的精英效应，之后的实名效应。开始时不贪图用户数量，对规模有所控制，避免了"消化不良"的风险，之后道路已清除时，扎克伯格再不断地倡导更公开、更透明，Facebook 的影响力越来越大。而 MySpace 则相反，最初就张开庞大的口，来者不拒，对用户不加限制，最终导致问题丛生、局面失控，这时再想收紧政策，就显得难上加难。毕竟人们的思维习惯是"越来越开放"，而非相反。

第2章 facebook
一个权力的偏执狂

收购案——虎口脱险

无可奈何失之交臂

2004年9月，获得50万美元天使投资之后，Facebook很快又弹尽粮绝了，融资是头等大事。虽然帕克一直在为此事奔波，但进展并不顺利。这一次，反而是扎克伯格并不宽广的人脉产生了效果。

扎克伯格在哈佛时的一位女性朋友克里斯·马是Facebook的铁杆粉丝，而她的父亲恰好是华盛顿邮报公司投资部门的经理。在朋友的引荐下，扎克伯格与帕克会见了这位投资经理，之后又与华盛顿邮报公司首席执行官唐纳德·E·格雷厄姆洽谈，于是Facebook与华盛顿邮报开始进行实质性的接触。

不得不承认，格雷厄姆有着出色的"读心术"，他在会谈中强调此番投资的最大优势是"非风险投资的投资，不会向你施压的投资"，此语顿时击中扎克伯格的内心。素来表情淡漠的扎克伯格，在听到此番言语时，双眼闪着惊喜的光芒，他的兴致顿时提高。

的确，尽管在融资方面他知之甚少，但看到帕克的两次经历，扎克伯格心中就已经对华尔街的风险投资者们有了极深的成见。就如《滚石》杂志所言，"他们是吸血的大乌贼，缠绕在人脸部，无情地把吸管插入任何闻起来像钱之物"。一旦创业者接受了他们的投资，就像给自己上了枷锁，不再有自己的选择，只能在他们歇斯底里的催促下不断地向前，盈利、上市、分红。作为一个以理想追求为先的创业者来说，这简直就是苦不堪言。

基于与格雷厄姆的这次愉快的谈话，Facebook 与华盛顿邮报公司的合作洽谈紧锣密鼓地开展。尽管华盛顿邮报作为传媒集团，对广告收入深感兴趣，但因为深知扎克伯格对此极为排斥，在洽谈中他们也从未提及。因此，在扎克伯格看来，如此善解人意的伙伴，必将带来一次令人愉快的合作。

但此时的 Facebook 已经财政告急，为解燃眉之急，帕克不得不向外借款，他从西部技术投资公司贷款 100 万美元。踌躇满志的帕克还与这个公司设定了一个赌局，以 Facebook 第二轮融资的市场估值为标的，一旦估值低于 5000 万美元，Facebook 将加倍偿还贷款，若超过 5000 万美元，Facebook 也将获利不菲。

在帕克的对外宣传与公关之下，外界对 Facebook 越来越感兴趣。截至 2005 年 2 月 9 日，已经有除华盛顿邮报公司以外的 12 个风投机构、4 家大型科技公司向 Facebook 表达了投资意向。当然，这些机构都还在进行私下的调研与考察，毕竟这不是一家寻常的公司：公司创始人尚未年满 20 岁，而其合伙人是一个名声狼藉的不羁青年。

Facebook 与华盛顿邮报的合作已经达成了基本意向，细节正在进一步洽谈，突然，半路杀出个程咬金。传媒巨头维亚康姆集团放出狠话，要以 7500 万美元整体收购 Facebook。

闻此信息，华盛顿邮报决定加快进程，当即发出合作条款说明书，表示愿意以 600 万美元获取 Facebook 10% 的股份。这样的估值已经足够，连帕克也忍不住欢呼。双方关于估值与投资额已经达成一致，只是华盛顿邮报希望能在董事会占一个位置。在此之前，并未参与细节谈判的扎克伯格提出了自己的原则性要求：必须由华盛

顿邮报公司首席执行官格雷厄姆担任董事，否则免谈。而格雷厄姆
有所顾虑的是，自己在公司的事务已经非常繁忙，实在无暇顾及 Fa-
cebook 的工作，如果不能有所作为，那么就应该由更适合的人来担
任董事。

通过电话沟通，尽管董事会席位的事情最终没有敲定，但扎克
伯格与格雷厄姆达成了口头的合作协议。Facebook 的第二次融资将
要尘埃落地了，但这时华盛顿邮报公司负责投资项目谈判的高层因
故请假，于是事情不得不暂停。

在这个突然出现的空档期，阿克塞尔合伙风险投资公司殷勤现
身，意想不到的转折点就这样出现了。

几天后，在与阿克塞尔公司的合伙人吉姆·布雷耶见面的当
晚，扎克伯格内心深处已经倾向于与阿克塞尔公司合作，但他异
常难受。陪同他会见布雷耶的科勒看到扎克伯格盘坐在洗手间的
地板上，耷拉着头，哽咽不已，"这样做不对，我不能这么做，
我许下过承诺"。这个 20 岁不到的小伙子第一次感受到商场上的
无奈与身不由己。

第二天，扎克伯格致电格雷厄姆，坦诚地表达了自己的不安：
"我觉得面临一个道德两难的局面。"此时的格雷厄姆已经听说了阿
克塞尔公司的事情，但是他感动于扎克伯格的真诚，同时，他也感
受到阿克塞尔公司的志在必得，他认为没必要再参与这场竞争，这
对于一个成熟的投资人来说是不理智的，毕竟当时对 Facebook 的估
价已经很高。

格雷厄姆在电话里善意地提醒扎克伯格，两者投资的理念截然
不同。但在谈话中他也明白了扎克伯格的心意，于是他表示了理解
和支持，并送上友好的祝福。

愧疚之余，扎克伯格对格雷厄姆更添了几分敬意。后来，当扎
克伯格在公司管理上遇到困难，他都会向格雷厄姆请教，他甚至专

门抽出几天时间，贴身观摩格雷厄姆，学习如何担任 CEO。2009
年，在扎克伯格的盛情邀请下，格雷厄姆出任 Facebook 董事。

欲擒故纵大获全胜

阿克塞尔公司距离 Facebook 的办公地点只有三个路口，但是最
终获得 Facebook 的"芳心"却是费尽了周折。

阿克塞尔合伙风险投资公司风光起来的时候已经是 20 世纪 90
年代，在电子通讯和软件领域建树不小。但是随着互联网浪潮的来
临，阿克塞尔开始陷入困顿期。大约两年前，阿克塞尔公司最知名
合伙人吉姆·布雷耶邀请凯文·埃法西成为合伙人，分配给他的任
务是：寻觅"猎物"——那些新创的、缺乏资金但又有发展潜力的
公司。

社交网站是埃法西近期来集中搜索的领域。原本他有意投资在
线分享网站 Flickr，却不料雅虎横刀夺爱，整体收购了对方。2004
年底，在公司年轻实习生的推荐下，埃法西开始关注 Facebook。了
解之后，埃法西表现出强烈的兴趣。而当他听说 Facebook 正在融资
时，更是预感到这是一次不容错过的机会。

当时的 Facebook 已经是炙手可热，帕克正忙于与各种风险投资
公司见面洽谈。埃法西想要约见 Facebook 的经营者，但是他发出的
邮件没有回音，电话约见也没有回复，于是他只得托熟人牵线搭桥。
在 Facebook 创业团队的这群年轻人中，埃法西发现自己曾与马特·
科勒见过几次面，于是他通过科勒约见帕克，谁知却被帕克放了
鸽子。

辗转之中，他得知霍夫曼是 Facebook 的投资人，埃法西不得动
用关系，恳请霍夫曼引荐。几经努力，他并没有见到关键人物帕克
和扎克伯格。很显然，这是他们在有意躲避。

机会总是属于那些不轻言放弃的人。时间到了 2005 年 4 月，埃法西决定冒昧前往附近的 Facebook 办公室。真是天赐良机，这时正是华盛顿邮报公司谈判负责人因故请假的时候。埃法西走进 Facebook 新迁的办公场所时，科勒和莫斯科维茨正在拼装办公桌。科勒接待了埃法西，并表示帕克和扎克伯格很忙，无法出现。出于礼貌，科勒开始向埃法西介绍一些基本情况，事实上这些数据埃法西早已了解。正在这时，帕克和扎克伯格啃着早点来到了办公室。

不管是出于对阿克塞尔公司的不信任，还是真的不想把时间浪费在风险投资机构身上，总之终于见到真人，埃法西知道不能浪费时间，唯有"以快速制胜"。他没有向对方提出诸多问题，而是开门见山地表示"我知道你们公司很值钱"，并邀请两人星期一出席阿克塞尔公司的合伙人会议，"星期一当天我会给你们一份条款说明书，如果我做不到，我将永远不再打扰你们！"

埃法西此招的确高明，帕克当即还同意周末晚上和他一起去喝啤酒。接下来的周末，埃法西再次进行调查，他必须在周一之前摸清 Facebook 的底细。而调查结果显示，这的确是一家前途不可估量的公司，如果能够成功投资 Facebook，将会使阿克塞尔在投资界再度鹊起。

周一上午，扎克伯格、帕克和科勒如约前往阿克塞尔公司。只是他们衣着随意，更没有带相关的商业计划书甚至是简单的 PPT，整个介绍都是由帕克口述，扎克伯格更是一副漫不经心的样子。当晚，接到埃法西的条款说明书后，帕克一口回绝了对方，他表示公司会按计划与华盛顿邮报公司合作。

只是，此时的帕克等人确实是在耍欲擒故纵、放长线钓大鱼的把戏。之后不久，德丰杰等公司也有意投资 Facebook 的消息被帕克放出。

埃法西与布雷耶商量之后，在周二的下午再次成为不速之客，前往 Facebook 的办公室。他甚至毫不客气地打断了当时 Facebook 正在召开的会议，他把条款说明书拍在桌子上——投资前估价为 8700 万美元，投资 1279 万美元，也就是注资后公司市值 1 亿美元！他有几分气急败坏："我东奔西跑拼了老命才为你们争取下来这个竞价，这有点不切实际，但是我们想做成这笔买卖！你们一定要接受，我们上天入地也要把这家公司做成功。你们有三天时间来考虑！"

终于，帕克点了点头，表示"这值得考虑"。事实上，1 亿美元的市值，已经让当时所有在场的成员们心里乐开了花！

看到阿克塞尔公司近乎疯狂的举动，其他风投公司都纷纷让路。剩下的事情，就是由扎克伯格来决策。当晚，扎克伯格等三人与阿克塞尔公司的布雷耶进行了第一次碰头。曾在哈佛大学攻读 MBA 的布雷耶对扎克伯格充满好感，而扎克伯格也理智地意识到，阿克塞尔公司是比华盛顿邮报更好的选择。

2005 年 5 月，Facebook 公司出色地完成了第二轮融资。不仅如此，帕克还获得"100 万的风险贷款"赌局的胜利。

在此次融资过程中，帕克出尽了风头，他的商战策略、谈判能力、推销手段都实实在在地证明了他是不可多得的"商业鬼才"。他在扎克伯格心目中以及在公司的地位更加牢固。

中意的不只是钱

在决定接受阿克塞尔公司的投资后，扎克伯格只身前往了阿克塞尔公司的办公室，他约见了布雷耶。他提出条件，要求布雷耶本人，而非此次合作的主要负责人埃法西，出任 Facebook 的董事。

在这个高中毕业后曾拒绝了 100 万年薪职位的青年心中，一个公司要发展，融资是必由之路，但是融资不能只看重钱，还要有更长远的考虑。

这是扎克伯格与帕克的不同之处。不管是与华盛顿邮报集团的洽谈，还是与阿克塞尔公司的合作，前期的各种谈判扎克伯格都放手交给了帕克，他相信帕克的能力。但是在关键时刻，扎克伯格总是会提出比钱更有价值的要求：人。

他要求华盛顿邮报集团首席执行官格厄姆担任董事，和他要求阿克塞尔最知名合伙人布雷耶任董事一样，他需要从这些商场前辈身上取经。在一个董事会里，需要更多身经百战的老将来为公司的发展出谋划策，帮助自己更好地运营公司。

之后，在需要提供给投资方董事席位的融资中，扎克伯格都会想方设法挑选投资方中最理想的人士担任公司董事，这已经成为他接受投资的必备条件。

另一方面，布雷耶也意识到扎克伯格是非同凡响的人才，于是他提出以个人的名义再投资 100 万美元。

此时，萨维林的股份已经被稀释到不足 10%，他与扎克伯格的关系已经到了水火不容的地步。这也给了扎克伯格一个教训，董事人员的选择要慎之又慎。

在之后公司的发展中，泰尔和布雷耶的确成为扎克伯格的智囊。泰尔的忠诚让扎克伯格感动，他曾经说："马克是我们永远的CEO。"他会经常与扎克伯格谈论公司的长期发展战略和金融市场的动态环境。而布雷耶在公司架构、招聘等方面也是不遗余力。他尊重扎克伯格的黑客文化和创造性混乱，但是他也建议马克："也许产品创新需要这样自由个性的氛围，但是销售、人力资源或者法律等领域则切忌如此。"

公司的控制权依然是扎克伯格和帕克坚决捍卫的东西。接受注资后的董事会席位增加至 5 个，一个是早期投资人泰尔，一个是布雷耶，剩下的三个席位全部由扎克伯格来掌控，他和帕克各占一席，另一席空缺。这种对控制权的死守，是帕克教会扎克伯格的，也是帕克直到离开公司的最后一分钟都在为他争取的。尽管对金钱表现得异常淡然，但对于权力、对于理想，扎克伯格有着超乎寻常的热衷与偏执，这也许源自其从小的"帝国情结"。

正因为融资并不仅仅因为钱，所以扎克伯格常常表现出对普通投资者的淡漠与不屑。

2012年2月初，Facebook IPO路演的首次通气会上，扎克伯格这位个性十足的CEO缺席。在5月初的首场路演中，这位创始人"恶习不改"，身着一袭卫衣，登台露面。

这样的轻蔑态度引起了众多投资人的不满，媒体报道也议论纷纷，有投资公司的负责人表示："作为公司的创始人、领导人和控制人，他非常自信。他想要投资者投钱，但他也应该为投资者负责。"还有更加犀利的言论："如果一家公司的控制人根本不屑于理睬其他股东，而投资者仍然愿意投资，那简直就是疯了。这似乎后患无穷。"

当然，也有部分投资人士对扎克伯格的行为表示支持，"我们肯定愿意与CEO打交道，但他的首要任务是管理公司。如果一个CEO花太多时间与华尔街和媒体沟通，反而会令我更加担心。"

人们猜测，在Facebook上市过程和上市之后，扎克伯格依然会保持他低调的个性，何况，有几分内向的他也并不适合与公众交流。而COO雪莉·桑德伯格将会是代替他的合适人选，由她担任形象代言人与投资者进行沟通，是最适合不过的。

从与帕克搭档开始，扎克伯格就是一个懂得放权的人，在必须要出面的关键时刻，相信他也不会失职。毕竟经过多年的磨砺，他已不再青涩。

"离场"——绝不可能

沉默导致的军心动乱

帕克离开后的 2006 年，对于扎克伯格来说，是非常难熬的一年——各种琐事缠身，各种压力不断，高管矛盾，员工动荡，甚至连自己的健康都出现问题。22 岁的他有过迷茫、困惑，最终他开始蜕变、成长。

失去帕克让扎克伯格感到似乎失去了双臂。眼下最要紧的就是招兵买马。于是，一批新的高管陆续加入 Facebook。

2005 年底，亚马逊前高管范·纳塔加入 Facebook。这位职场高手面对一群年纪轻轻的同事，他无法掩饰自己对影响力和权力的渴望。也正是他这种热情积极的态度，获得了扎克伯格的信任，几周之后扎克伯格便任命他为首席运营官，某种程度上，他是在接帕克的班。

其实，在范·纳塔新官上任之后，便暴露出问题。他上任的第一件事就是开始裁员，把大部分创业初期加入的工程师和员工推出公司大门。扎克伯格没有想到，他这一次的用人实在不妥。后来有人将他聘请范·纳塔这件事列入他创业过程中的十大错事之一。

在后来 Facebook 多次的并购事件中，范·纳塔都站到了卖掉公司的阵营，这让扎克伯格一直耿耿于怀，尽管如此，范·纳塔依然在 Facebook 首席运营官的位子上坐了近两年的时间。范·纳塔的强势和坚持也的确让人佩服，2007 年 Facebook 开放广告业务，范·纳塔主持了 Facebook 与微软和 Google 的谈判。他与微软的鲍尔默之间的交锋，不得不令扎克伯格钦佩三分。在 2007 年下半年的"灯塔"事件之后，董事会认为范·纳塔应该为此事承担责任，他作为首席运营官，缺乏稳重、谨慎、务实的品质，将会为公司带来不可挽救的危机。

在离开 Facebook 之后，范·纳塔还曾加盟另一个社交网站 MySpace，可惜的是，依然没有逃脱被辞退的宿命。

同时，在其他高管的要求下，扎克伯格决定招聘一个分管产品的副总裁，就这样，在 2005 年底，道格·赫什进入公司，他曾经是雅虎公司前 30 名员工之一。作为产品研发管理的重要负责人，道格在开发理念上没有与扎克伯格保持一致，他的大多数产品提案都与公司战略相悖。同时，道格并不满足于产品管理，他还希望为网站创收，而事实上，这正是扎克伯格最反感的。更何况，事后有消息说，道格在职时还越权与 Google 公司的负责人洽谈合作事宜，这种行为在扎克伯格眼中等同于背叛。

在帕克离开后的一段时间内，扎克伯格频繁地接过新闻集团、维亚康姆、AIM 等公司抛过来的橄榄枝，尽管此时他的心中并没有一丝卖掉公司的想法。各种媒体也频频爆出扎克伯格与某某公司见面，洽谈合作或并购事宜。当消息层出不穷时，不明就里的员工们开始不安。他们并不清楚这个沉默寡言的老大的心思，公司是否会被卖掉、卖给谁、卖掉之后他们何去何从等事关他们切身利益的问题，他们希望能得到一个答案。

而公司高层也同样弥漫着不安的气息，抱怨声越来越多，高管之间各自为政也导致矛盾日积月累。自从帕克走后，高管与公司统领者之间就无法有效对接，扎克伯格眼睁睁看着这一切，却不曾张口进行说明。白天,他忙于各种洽谈见面,晚上他则与莫斯科维茨、科勒甚至离职的帕克沟通交流。

这些都被细心的女高管罗宾·雷德看在眼里、记在心里,在这群高管当中,她已经称得上老员工。她是帕克在职时聘请过来负责人员招聘的,就连道格·赫什都是通过她招聘进来的。一直以来,罗宾讨厌帕克的桀骜不羁,但帕克的沟通能力让她能够很快地开展公司业务。但她没想到的是,帕克走了之后她却举步维艰,因为扎克伯格是一个不善于沟通的上司。

罗宾感到情况相当危急,她回忆当时的情形:"公司高管们的士气正在跌落,流言满天飞,而马克没有对任何人说明真正发生了什么。管理团队几乎准备要把扎克伯格拉下马。"

直到有一次,忍无可忍的罗宾拦住扎克伯格,约了时间进行面谈。她表达了自己的痛心:"我们齐心协力打造一个一流的团队,然而却事与愿违!"她直截了当地质问对方:"你真的准备卖掉公司吗?如果你没有这个计划,就请停止与新闻集团、维亚康姆等公司的见面!"扎克伯格也非常痛快地告诉她,自己丝毫没有这个念头!这个回答让罗宾气坏了,她丢给扎克伯格一句狠话:"你最好去上课学习一下怎么当首席执行官,不然这会给你带来麻烦!"没想到这时的扎克伯格反而乐了,他说:"我感觉这是你第一次跟我实话实说。"

这次开诚布公的谈话后,扎克伯格给了罗宾一个巨大的惊喜。

他开始与资深高管们进行一对一的面谈。一周之后,扎克伯格破天荒地召开了Facebook的第一次全体员工大会,他坦诚地讲述了自己对于公司的规划。当信息变得透明,众人的情绪立即得到安抚。他甚至带高管们进行了一次户外会议,讨论如何建立更好的沟通渠道。当然,对于道格·赫什这样的人物,他也毫不犹豫地把他请出公司。

这一时期,扎克伯格在对外联络上格外积极,个中原因就连莫斯科维茨和帕克都不甚了解。其实，扎克伯格一方面是想借此机会评估一下 Facebook 的市场价值，更重要的是，他认为在与这些大型公司最高负责人面对面的沟通与交流中，能以最快的方式学习到公司管理之道。当昔日的黄金搭档离开之后，扎克伯格意识到自己应该尽快在工作中学习、成长，从而操纵全局。

Facebook 待售？

2005 年 2 月，在 Facebook 第二次融资的时候，维亚康姆扬言有意 7500 万美元整体收购。外界以为这只是维亚康姆在炒作，Facebook 更是对此嗤之以鼻。2005 年秋天，维亚康姆再次表示出对 Facebook 的浓厚兴趣时，人们才发现原来误解了它。

作为传媒巨头，维亚康姆深谙受众与传播之道。而作为社交网站，Facebook 的优势并不在于网站的独一无二，而在于用户群的庞大，而且集中于年轻有活力的学生群体。而这个群体正是维亚康姆旗下 MTV 音乐电视的目标受众。这种高重合度，意味着双方之间潜藏着巨大的合作空间。

在此之前，维亚康姆有意收购另一社交网站 MySpace，岂料被默多克的新闻集团横刀夺爱。不甘示弱的维亚康姆决心通过收购 Facebook，与新闻集团进行旗鼓相当的对抗。

这年秋天，通过科勒，维亚康姆首席执行官汤姆·弗雷斯顿成功约见了扎克伯格。满怀欣喜的弗雷斯顿在交谈中发现扎克伯格根本没有合作的诚意，于是不欢而散。

2005 年 11 月，维亚康姆迎来了新将迈克尔·沃尔夫。沃尔夫在上任的第一时间便开始与扎克伯格接触。尽管有过几次交谈，但两人并没有进入实质性的对话。毕竟是新官上任，沃尔夫还有很多的事情需要去处理。

直到年底的一次同行会议，新闻集团的高管在讲话中透露出对Facebook 的兴趣，沃尔夫感到异常紧张，他立即联系扎克伯格，问他是否在与新闻集团接洽。扎克伯格的确与新闻集团默多克有数次接触，并相谈甚欢，他欣赏默多克对新闻集团进行改革的高瞻远瞩，但是默多克认为扎克伯格要价太高，两人的交谈并没有再深入下去。

但是这些信息足以让沃尔夫意识到情况的紧迫，接下来他接连两次飞往帕洛阿尔托，并用心良苦地邀请扎克伯格乘坐维亚康姆公司的专机前往纽约度假。探出扎克伯格整体出售的意向不强烈，沃尔夫提出折中的方案：维亚康姆购买 Facebook 部分股权，成为其主要广告合伙人。扎克伯格依然婉拒，他甚至玩笑般地狮子大开口：如果出价 20 亿美元他会考虑出售！

与沃尔夫的合作方案不同，弗雷斯顿明确表示，想拥有这将家公司。维亚康姆派沃尔夫标出价码：15 亿美元买下整个公司，先付51% 的现金，剩余的部分视 Facebook 的业绩表现而定。这是一个令人心动的价格，但是扎克伯格依然无动于衷。

沃尔夫决定曲线救国，他希望 Facebook 的董事泰尔、布雷耶能够说服扎克伯格，但两人却表达了不干涉的态度。唯有首席运营官范·纳塔向维亚康姆公司透露，他正有说服扎克伯格卖掉公司的打算。

此时，媒体的报道把事情推向了公众。其实这并不是维亚康姆愿意的，因为在上一次与新闻集团的对决中，就是因为与 MySpace 的洽谈过于公开，为新闻集团提供了可乘之机。6 月底，美国商业周刊甚至爆出报道《FB 待售》，又一次暴露了维亚康姆与 Facebook 的洽谈。沃尔夫认为，这是 Facebook 的策略：以此吸引与维亚康姆竞争的对手，从而提高卖价。

新闻刊登之后，沃尔夫接到了扎克伯格主动打来的电话，扎克伯格表示有意再详谈。这次，扎克伯格似乎是真心想卖，他要求支付更多的现金。最终沃尔夫做出让步，他同意支付 8 亿美元现金。但对于剩下的 7 亿美元如何支付，双方并未达成一致。毕竟此时的 Facebook 虽然已经成为互联网上流量第七的网站，但迄今为止总共的盈利只有 2000 万美元。维亚康姆对 Facebook 未来的业绩还是有所怀疑的。谈判未能继续下去。

扎克伯格做好了两手准备。在与沃尔夫谈收购的同时，扎克伯格开始着手第三次融资。而此时 Facebook 的市值已经达到 5 亿美元，是阿克塞尔投资时的 5 倍。当年 4 月份，Facebook 接受了 2750 万美元的注资。

后来，人们在回忆 Facebook 的发展历程时感叹，2006 年春末，扎克伯格险些就此离场。扎克伯格出售的意图到底是真是假，已经不重要。毕竟，那一时期的扎克伯格一直对赚钱、盈利提不起兴趣，又找不到好的人员，当资金压力和管理危机同时袭来时，他就有了"干脆不如卖掉"的一时冲动。当然，也许这是扎克伯格从帕克身上学来的商战兵法：在需要融资的时候，通过这种虚张声势的出售来提高公司的市值，从而在与投资方的谈判中占到上风。

压力下的不抛弃、不放弃

Facebook 一直在扩大用户群，也一直在烧钱。

遇上扎克伯格这样一个不关心盈利的掌舵者，烧钱是无可避免的。有了新一笔资金，Facebook 开始计划进行新一轮的推广，设计新的功能。

2006 年初的 Facebook 已经走出大学校园，在高中学校站稳了脚跟。2006 年 5 月，扎克伯格推出职场网络，这是 Facebook 首次向成年人群开放。

然而，让扎克伯格始料未及的是，职场网络并没有预想中的那么受欢迎，甚至还引来媒体的负面评价。扎克伯格的推广计划破灭，他感到空前的挫败感，甚至开始怀疑自己的经营理念和战略。科勒说："这是他在 Facebook 所做的最错的事，也是他第一次犯错，错大了。"

对扎克伯格来说，这是一个风雨交加的春末。他梦想建立一个世界一统的帝国，但是眼前的事实告诉他，Facebook 一时还有"生命不能承受之重"，无法按他心中的计划去拓展疆土。

于是，扎克伯格又有了出售公司的念头。他对外放出消息，谁出价 10 亿美元，就同意出售。但后来扎克伯格的态度表明，此番言论有着很大的赌气成分。

此时的雅虎正处于不安的状态，社交网站兴起，自己却在该领域缺席，错过了时机必将追悔莫及。

早在 2005 年，雅虎首席运营官丹·罗森维格就是 Facebook 的粉丝，并结识了扎克伯格，多次向马克表示并购意向，可惜落花有意，流水无意。

2006 年，雅虎听到扎克伯格放话，野心再起，立即向 Facebook 表示愿意以 10 亿美元的价格收购 Facebook。在一系列洽谈后，7 月初，雅虎向 Facebook 发出收购条款书。

扎克伯格表现出了令人难以理解的出尔反尔，他自己主动爆出 10 亿美元出售的意向，而当有投资方满足了他的报价时，他却不想卖了。其实此时扎克伯格的心理非常复杂：一方面他其实不想卖掉自己一手建立的帝国；另一方面，他又担心帝国不能成为其想要的帝国，无法承受失败的压力和风险。

在公司的管理团队中，莫斯科维茨明确表示不同意出售，而布雷耶、范·纳塔和科勒成为支持出售的中坚力量。职场网络的遇冷让他们有些后怕和泄气。

到了 2006 年 7 月份，虽然默许谈判继续进行，但是扎克伯格依然没有被彻底说服，他还没能下定决心。

事情再次出现转机。7月中旬，雅虎第二季度的财务状况公布，让人大跌眼镜，当天雅虎股价暴跌22%。突如其来的困境让雅虎首席执行官塞梅尔对这次收购打起了退堂鼓：在这个节骨眼上，华尔街的投资者们不会同意雅虎再投入10亿美元巨款，来收购一个盈利能力尚未开发出来的公司。

于是，雅虎提出减少报价，降至8.5亿美元。毋庸置疑，这个方案的目的是要终止这次收购，Facebook管理层显然不会同意这样一个报价。在众人扼腕叹息的时候，扎克伯格却心中狂喜，长久以来的压力和纠结顿时消失，他如释重负，与莫斯科维茨拥抱一起欢呼，感谢老天的眷顾。

接着，在扎克伯格的推动下，Facebook进行了两大新的计划：动态新闻和开放注册。所谓动态新闻就是好友的每一次更新都会即时显示并通知其他好友。所谓开放注册就是Facebook不再设置门槛，把大门打开，欢迎所有人登陆注册。

一切变革都不会是一帆风顺的，两大计划在Facebook内部也遭到质疑和反对。开放注册比职场网络更激进，是否会像职场网络一样，甚至会不会导致Facebook从此就桎梏在学生市场当中？这些问题令公司员工感到揪心。布雷耶甚至科勒都表现出担心和怀疑，扎克伯格再次遭受空前压力。

9月初，新闻动态功能推出，却引起用户的强烈抗议。正当扎克伯格为动态新闻风波忙得焦头烂额的时候，雅虎又杀了回来。公司的高管们再也无法淡定，他们开始集体倾向于把公司卖掉。

在产品研发上再次遭遇滑铁卢的扎克伯格，此时是苦不堪言，他向公司管理层表示：拿"开放注册"作为赌注，如果9月底推出的开放注册不能给网站运营带来利好消息，那么就同意雅虎的收购。

之后的几天，扎克伯格如坐针毡，因为开放注册后的用户人数一直上上下下，波动不定。直到 10 月初的某一天早上，惶恐不安中的扎克伯格听到 Facebook 的员工欢呼，Facebook 的用户突破了 1000 万！

这个里程碑式的数字，这个值得载入史册的纪录，让扎克伯格长舒一口气，他又一次证明了自己，也打消了所有人出售公司的念头，挽救了自己的帝国。

同时，在扎克伯格的积极补救下，动态新闻风波也渐渐平息，用户开始接受这个功能。原本摇摇欲坠的 Facebook 又一切归于平静。但"小心眼"的扎克伯格已经对那些屡屡支持出售公司的人记恨在心，比如范·纳塔，甚至科勒。

显然，扎克伯格非常清楚，最赚钱的方式是战略性退出，即卖掉公司。但是，此番经历之后的扎克伯格却如此袒露自己的心声："我的时间是用来想如何建造它，而不是去想如何离场。相比其他人，我认为我们能够把这个网站做得更有意思。管理这个网站让我感觉很爽。对不起，我不会花时间去想卖了它。"

同行者——可遇不可求

与帕克不得不说的故事

帕克的个性非常鲜明，2011 年，Spotify 与苹果公司的 iTunes 产生竞争关系，但事实上帕克对乔布斯充满仰慕。在乔布斯辞去苹果首席执行官之职的当晚，帕克怀着难以名状的心情在 Facebook 上写下了这样一句话："有时候，敌手的死亡同样令人遗憾，使我们像好友离世一样痛苦，没有他们的见证，我们的成功并不完美。"他的率真由此可见一斑，"鬼才"之称名副其实。

扎克伯格是一个不善于与人合作的人物，而他们两人能够出色地合作，除了惺惺相惜的缘故，还有一个重要的原因是两人有着惊人的相似的成长经历。

帕克的父亲是美国国家海洋大气管理局的首席科学家。在帕克 10 岁左右的时候，就如当初扎克伯格的父亲一样，帕克的父亲用一台 Atari 800 电脑教帕克编程。到高中的时候，帕克的一次黑客行为引起了联邦调查局的注意。16 岁时，他开发了一种类似于网络爬虫的软件，收到了中央情报局的邀请函。与扎克伯格稍有不同的是，帕克从高中毕业后就没有再接受正规教育，而是在各大创业公司实习。在 19 岁时，他便与肖恩·范宁成立 Napster，一如扎克伯格 19 岁创建 Facebook。

2004 年的夏天，扎克伯格力排众议，将肖恩·帕克拉入到加州团队当中。这个桀骜不驯的青年人用自己的实力证明了扎克伯格的眼光，但是他却无法避免再一次出走的厄运。

"我感到对人性彻底丧失了信任，似乎世界末日即将到来，而我谁都不能信任"，在自己被 Plaxo 扫地出门、走投无路的时候，获得了扎克伯格的赏识与接纳，帕克却对此牢记在心，因此忠心耿耿的他对早期的 Facebook 可谓是居功至伟。尤其是在萨维林缺位的那段时间里，一心扑在技术上的扎克伯格不能缺少帕克这个多面手。

近朱者赤，对于扎克伯格这个年仅 20 岁的青年，帕克是有影响力和传染力的。不管是管理经验还是融资理念，帕克的不羁个性使扎克伯格"深受其害"。据说当时扎克伯格有两套名片，其中一套上写着"CEO……婊子"，尽管他也曾在博客中对前女友大爆粗口，但是如果不是帕克的主意，扎克伯格还没有出格到这种地步。

到 2005 年，从阿克塞尔公司获得第一轮投资之后，帕克认为获得了一个阶段性的胜利，因此他更加肆无忌惮起来。他不定时地失踪，举办各种疯狂派对，而且被爆出吸食毒品之类的丑闻。

2005 年 8 月，帕克在北卡罗来纳州一处海滨的别墅里度假，举行朋友聚会。兴致正浓时，警察不请自来，称有人举报这所房间里藏有毒品，并开始搜查。一只装有白色粉末的小袋子随即被搜出。帕克再次恶名昭著，Facebook 也因此受到牵连。

尽管帕克此时并没有因为这件事受到任何指控，但董事会的成员，尤其是阿克塞尔公司表示，帕克影响了公司形象，应该引咎辞职。这已经是帕克第三次被投资方弹劾。扎克伯格不这么认为，但他的坚持无济于事。

争持之下，帕克不想让扎克伯格为难，他自己提出离开。帕克深知此时的扎克伯格还非常稚嫩，面对阿克塞尔公司这样的投资者缺乏应对能力。因此在离职之前，他进行了周密的部署和安排。首先他保护了自己的利益，要求保留一半的优先认股权，也就是说今后他依然能够享受到 Facebook 发展带来的成果。随后，在他的坚持下，他把自己的董事席位转交给了扎克伯格，从而保障了扎克伯格对公司的绝对控制权。

帕克对公司控制权严防死守的这一观念深深影响到扎克伯格，使他能够在自己的一手创建的帝国里享有至高的地位。

扎克伯格对这位搭档给予了极高的评价："在 Facebook 从一个大学项目转化为一家真正公司的过程中，肖恩起了枢纽作用，或许更重要的是，肖恩帮助我们确保，任何有意投资 Facebook 的人，不仅是在投资一家公司，还是投资一个使命与愿景，即通过分享使这个世界更加开放。"

作为当时的见证人，莫斯科维兹说："Facebook 的架构确保马克能保持尽可能强的控制权，肖恩对此发挥了实质性作用，这既表现在他能谋得高估值、低稀释的融资，还体现在董事会架构本身和一些关于控制权的细节上。他经历过 Plaxo 的乱局，对控制权问题很敏感。"

在离开 Facebook 之后，帕克仍然是扎克伯格的智囊团，甚至依然帮助 Facebook 进行高管招聘、网站设计等方面的事务。如今，他掌管的 Spotify 也是 Facebook 的重要合作伙伴。

那些年一起创业的男孩

Facebook 的头 7 个账号，除了前 3 个为测试账号，依次便是扎克伯格、克里斯·休斯和莫斯科维茨、萨维林。他们是最早的创业四剑客，同为扎克伯格的室友。

除萨维林之外，克里斯·休斯是最早离开的一位。作为 Facebook 的官方发言人，休斯觉得有些厌倦，而且他说："和扎克伯格一起工作很有挑战性，你永远无法确认你所做的他是否喜欢，和他做朋友好过和他一起工作。"优雅善谈的他在 2007 年离开后，便加入了奥巴马总统竞选的社会化营销活动，这是一项非常适合他的工作。在竞选期间，他还利用老东家 Facebook 的力量，成功为奥巴马造势拉票。

莫斯科维茨是第一个与扎克伯格签订雇佣合同的室友，负责网站维护，对编程一无所知的他便疯狂自学。

在加州创业团队中，莫斯科维茨也是第一个与扎克伯格同行的人，更重要的是，他排除阻力，与扎克伯格一起从哈佛辍学创业。

在不同的阶段，莫斯科维茨担任不同的角色，一直充当着扎克伯格的左膀右臂：在向校园进军时，他是推广人；在萨维林离开后，他又自学财务，担任了财务官；在维亚康姆、雅虎意欲收购 Facebook 时，他是扎克伯格最忠实的跟随者和拥护者。

莫斯科维茨的热情积极是对内敛冷淡的扎克伯格最好的补充。当然，他的付出也为他在公司赢得了应有的地位——公司最大的个人股东之一。

桑德伯格进入后的 2008 年 10 月，莫斯科维茨选择了离开。随着首席运营官的到位，Facebook 的架构越来越规范，技术也越来越专业，分工不断细化。当时的莫斯科维茨担任着财务主管，却纯属自学成才，随着 Facebook 的日益庞大和正规化，他已经感到自己能力的局限和影响力的淡化。尽管有着万分的不舍，但当时的莫斯科维茨意识到自己应该退场了。

当然，还有一个深层的原因是，雷厉风行的桑德伯格开始大举进军广告业务。作为最早的创业成员之一，莫斯科维茨依然怀念最初那种不做广告、不思盈利、一心为技术的岁月，他已经无法融入这样一个网络资源货币化的新氛围当中。

他与扎克伯格的分歧也开始出现，莫斯科维茨希望能不断增加

Facebook 的服务功能，而扎克伯格却对此并不感兴趣，甚至让 Facebook 的页面日趋简化。

离开后，莫斯科维茨开始从事自己深埋心底很久的事业，创办了 Asana 网络软件公司，打造的是能够与 Facebook 对接的在线商用软件产品。时至今日，他依然与扎克伯格关系密切，时有往来。

亚当·德安杰罗是扎克伯格在菲利普艾斯特的同学，在高中阶段两人共同研发了音乐播放插件 Synapse，并拒绝了美国在线和微软的购买。在 Facebook 启动时，德安杰罗设计了最初的 Logo。这年夏天，在斯坦福大学就读的德安杰罗加入到了加州的创业团队，后来他成为 Facebook 首席技术官。

这位技术天才也常有自己的想法，却常常与扎克伯格相左。他曾多次出走，然后回归。最后，他带着 Facebook 的一位顶级工程师一同离开，创办了问答网站 Quora。

2005 年，在帕克的介绍下，马特·科勒加入 Facebook，成为辅助扎克伯格的智囊团成员，并担任了 Facebook 的产品经营部副总裁。2008 年 5 月，Facebook 对外宣布科勒的离开，"这是在 Facebook 网站开始赢利后的最新高管变动"，在他之后便是莫斯科维茨。离开后，一直以来对风险投资颇感兴趣的科勒加入了美国知名的基准资本公司。

的确，与扎克伯格共事是一种挑战。Facebook 的前工程师安德鲁·博斯沃斯写过一篇文章《与马克共事》，他说："尽管扎克伯格并不总是正确的，但他的确不常犯错。他拥有这样一种能力，能够将自己从以往的成功中剥离出来，并且借助敏锐的意识和稍纵即逝的机会制定决策，而且这通常能够将团队引向一条大胆、有时甚至让人感觉有些精神分裂的改革道路上来，这对于胆小者而言是很难承受的。"

送走一个个盟友，扎克伯格无可奈何，愈显落寞，好在他已经成长起来。

当年一起创业的男孩们，一起经历了风风雨雨，为着各自的目标挥手告别。虽然有了各自的精彩，但是他们依然记得彼此，美好的记忆历久弥新。

桑德伯格驾到

称桑德伯格为 Facebook 女王绝不为过。

扎克伯格说："没有桑德伯格的 Facebook 将是不完整的。"这也是事实。

23 岁的企业创始人扎克伯格，有一家成立仅仅 3 年的公司，但还没形成稳定的赢利模式；一个 38 岁的女性高管桑德伯格，谷歌公司全球在线销售和运营副总裁，曾担任美国前财政部副部长萨默斯的办公室主任。

两人并没有任何的交集。直到 2007 年 12 月，在雅虎前首席运营官丹·罗森维格举行的派对上，两人有了一面之缘。正在苦苦找寻首席运营官的扎克伯格，得知桑德伯格有心离开谷歌，于是开始了锲而不舍的"追求"。

在一次邮件沟通和一次晚餐之后，扎克伯格就把桑德伯格当做自己人，每次见面必问"你什么时候能够过来和我们一起工作"，尽管此时的桑德伯格并没有下定决心。

之后扎克伯格几乎每周都会到桑德伯格家拜访一两次，从晚餐一直交谈到午夜。桑德伯格的丈夫说两人简直就像在约会，桑德伯格则说扎克伯格简直是"无休无止的"，"他不肯离开！"

扎克伯格表现出令人惊讶的耐心，他希望尽可能深入地了解对方，他说："毕竟可能会在今后 10 年或 20 年一直共事下去"，这次他不想找来一个不愿扎根的人。

之所以相中桑德伯格，扎克伯格有非常充分的理由：两人是哈佛同窗，她在谷歌成立 3 年时加入，在短时间里创造了盈利，同时桑德伯格还有从政的经验。扎克伯格说："Facebook 从许多方面来看更像是一个政府，而非一家传统意义上的公司。因为我们拥有庞大的用户社区，远远超过其他任何一家高科技公司，我们其实是在制定政策（服务）。"看来，扎克伯格是在为一个帝国挑选将帅之才。

而扎克伯格的智囊团首席成员、董事之一布雷耶也对桑德伯格进行了考察，他发现在所有的候选人中，只有桑德伯格没有表露出成为首席执行官的意愿，也就是说她心甘情愿担任副手，成为扎克伯格"背后的女人"。这对于 Facebook 来说非常重要，布雷耶曾说："马克是我们永远的首席执行官。"

在华盛顿邮报首席执行官格雷厄姆以及雅虎首席运营官丹·罗森维格的极力推荐下，与扎克伯格累计长达 50 多个小时的见面交谈后，2008 年 3 月，桑德伯格终于正式投奔 Facebook。

在美国硅谷，那些成长型初创企业流行着一种"家长督导"的模式。这些初创企业最显著的特点是企业创始人年幼，涉世未深，以技术见长，缺乏管理经验，面对快速发展的企业缺乏操控能力。因此，一些经验丰富的、专门辅助这些初创企业创始人的高级管理人员、职业经理人应运而生。在"家长"的督导下，这些初创企业能够有效规避高速发展过程中的风险，并能够引导企业将先进理念和创新技术转化为真正的商业价值。

桑德伯格与扎克伯格的组合就是"家长督导"模式的典范。的确，桑德伯格替扎克伯格完成了一系列他所排斥的工作，其中包括制定宣传策略、进行人事任免、经营管理和政治公关等。扎克伯格说："她处理所有我原本可能不得不做的事，而且她擅长得多。"

作为首席运营官，桑德伯格的重要作用是承上启下，要能准确领悟首席执行官的战略思路，同时又要能出色部署各项具体工作。

桑德伯格优雅、热情、坦诚，在扎克伯格与其他高管以及员工之间搭建了一座畅通无阻的桥梁。

尽管桑德伯格到来后对公司原有的架构进行了大手笔的调整，部分元老级人员离职，但桑德伯格依然很快赢得公司上下的尊重。有人说："她因真诚而建立起大家对她的信任，人们可能对马克生畏，谢丽（桑德伯格）克服了这一点。"

无可否认的是，桑德伯格最大的贡献在于，当扎克伯格等人在专注于建立一个"酷而有趣"的网站时，是她为 Facebook 解决了盈利模式的问题，将技术真正转化为了商业价值，而这个过程并没有耗时太长。这对于 Facebook 这样一个长达 3 年未能稳定盈利同时又飞速发展的企业来说，意义非比寻常。

后来萨默斯重返政坛，邀请桑德伯格回归，她拒绝了邀请，桑德伯格说："与扎克伯格一起共事来改变这个世界是一件愉快的事。"

各界预测，当 Facebook 成功上市之后，桑德伯格将被推到台前，代替扎克伯格充当 Facebook 的形象代言人。

第3章 facebook

让网站有趣更重要

信息分享催生社交盛宴

帝国没有界限

在向高中生开放、向职场人士开放、向美国无门槛开放，再到向世界开放的过程中，Facebook 都受到了挫折，但它最终还是迎来了世界各地的用户。

扎克伯格办公室的墙上有一幅世界地图，一旦占领一个地区，他就插上胜利的旗帜，他需要横扫世界的霸气。

在高中时代学习拉丁文时，读到荷马史诗《伊利亚特》中埃涅阿斯的梦想是"建立在时间和疆域上没有界限的城市"，扎克伯格感到莫名的激动。

多年后，Facebook 的员工们常常会听到扎克伯格引用史诗中的句子，比如"幸运眷顾勇者"、"帝国没有界限"。

在 Facebook 向所有美国人开放之后，Facebook 已经引起国外互联网领域的高度关注，各种模仿、克隆网站纷纷出现。而此时，扎克伯格的目的则是快速地、主动地向海外进军，实现国际化战略。

扎克伯格之所以如此重视国际化，只有一个原因：国际化能带来用户的井喷式增长，而增长是一切的一切。因此，这个从不愿意

68

高调现身在公众视野、从不喜欢在公众面前演讲的 CEO，非常情愿和配合地参加了在欧洲进行的连续数周的宣传路演。为了心中的帝国梦想，扎克伯格是愿意改变的。

这个攻城略地的过程并不像想象中那么简单。要进入一个陌生的国度，Facebook 不仅要突破语言关，还要与当地原有的社交网站进行贴身肉搏，而且还要照顾到当地的用户习惯，进行入乡随俗的改变。在一些国家和地区，Facebook 不得不做出一些让步和改变。根据不同国家或地区用户的偏好和习惯，Facebook 会定制一些专门的产品，以求尽快得到用户认可。

在德国，Facebook 通过与当地邮件服务提供商进行合作，从而使得注册和添加邮件地址中的好友变得更加快捷和方便。在日本，为了尊重日本用户不愿公开真实姓名的习惯，Facebook 甚至对实名制这一原则也做出了调整，正在研究相应的对策。

Facebook 的价值观来自美国，并不可能放之四海而皆准。在 Facebook 登陆沙特阿拉伯时，有一位父亲发现自己的女儿通过 Facebook 与一位男性交流，于是便杀害了她。在涉及宗教、政治、种族等问题时，Facebook 需要慎之又慎。在印度尼西亚，穆斯林的教士们认为"需要对虚拟网络设立一个法令，因为这种线上的关系可能会导致色欲，而这在伊斯兰教中是不被允许的"。但 Facebook 有足够的耐心和自信，2009 年末，注册使用 Facebook 的印度尼西亚用户已经超过 1500 万人。

当然，在这个过程中还有技术和管理上的双重挑战，Facebook 不得不在美国之外建立多个附加服务器群组，同时在不同地区成立销售办事处。截至 2008 年底，Facebook 已经有了 35 个语言版本。

在扎克伯格"增长是最重要的，盈利只在第二位"思想的指导下，Facebook 的注册用户数量节节攀升，再次融资也成为迫在眉睫的事情。

2007 年下半年，微软向 Facebook 投资 2.4 亿美元，获得 1.6%的股权，这时 Facebook 的市值已经高达 150 亿美元。如此高的市值，自然离不开扎克伯格高瞻远瞩的国际化战略。对于微软和谷歌这样的巨头，如果 Facebook 没有一定的发展前景，是不可能为之争夺到白热化的程度的。同时，此时 Facebook 的融资途径已经不再局限在华尔街了。此番与微软一起投资的还有来自中国的李嘉诚以及德国一家风险投资公司，总融资额达到 3.75 亿美元。

扎克伯格的国际化战略并不复杂，他始终坚信一点，"做最好的、最简单的、能让用户用最方便的方式分享信息的产品"。的确，最简单的往往才能突破时空的局限和文化的藩篱，真正实现世界大同。

当然，世界也在对这位简单如一的 CEO，这个试图用自己的方式打造一个帝国的年轻人，做出热情的回应：目前，全球每 14 个人当中，就有一个人拥有 Facebook 账号，"世界上最大的社交网站"的称号当之无愧。甚至连美国总统奥巴马、英国女王伊丽莎白、足球巨星 C·罗纳尔多等都是 Facebook 的用户甚至铁杆粉丝。

2010 年 10 月份的《名利场》杂志的权力排行榜中，扎克伯格力超乔布斯、施密特、默多克等人，名列第一。2010 年年底，《时代》杂志评选"2010 时代年度风云人物"，扎克伯格再次拔得头筹。

真实透明的网络社交

创办 Facebook 之初，扎克伯格并非想让用户脱离现实，而依赖网络社交。相反，他看到的是这样一种不可回避的社会症候：日益忙碌的今天，现实生活中的朋友会被渐渐淡忘，在繁华的都市里，灯红酒绿中的人们总会感到内心的空虚。为了改变这种状况，扎克伯格期望通过 Facebook，为现实生活中的社交提供一种补充，让网络把朋友联系得更加紧密，让人际交往更加频繁、友好。

出于这样的初衷，一开始 Facebook 就要求实名制，只有当网络上的你与现实中的你拥有一个共同的身份，这种网络社交才能得以进行。用户身份的真实透明和社交方式的坦诚便捷，是 Facebook 的一种独特基调。它希望线上的社交不是虚拟的、无聊的，而是能够与现实生活真正接轨。

礼尚往来是对于社交最通俗的表述，用扎克伯格的话说就是"Facebook 和其他互联网公司一起，正在努力为馈赠型经济创造足够的透明度"。也就是说，每个用户在 Facebook 上公开的信息，都是对另一个人的"馈赠"，这种关系是相互的。国内天使投资人蔡文胜说："Facebook 开创了互联网的一个新时代，实现了让每个人既是信息获取者也是内容贡献者。Facebook 更是自由、互动、分享的互联网精神的体现。"

在这种价值观的引导下，Facebook 又多了一重身份，成为一种媒介形式。动态新闻尤其具有代表性：一旦两人成为朋友，其中任何一人每一次信息的更新、修改、调整都会成为一则新闻，发送给对方。尽管在最初，这个功能让用户有所不适应，但最终这个加强了透明化的功能受到了高度欢迎。大家都认可了这样一个逻辑：在人际交往中，你的动态对于你的朋友而言就是新闻。

2006 年，Facebook 甚至开通一种叫做"订阅新闻"的服务。Facebook 会帮助用户对各种新闻进行筛选，把与用户自己及其朋友相关的信息排列出来，让用户享受个性化服务。而扎克伯格对此的首要要求就是贴近真实生活，他对相关工作人员解释所谓贴近，即"你家门前有棵濒死的松树此刻可能比非洲濒死的贫民更合你的兴趣"。用更加专业的术语来说的话，这应该被称作"民生新闻"。可见，扎克伯格是一个非常有悟性的新闻媒体人。看到 Facebook 作为一种新兴的媒介形式，其影响力日益扩大，传统的媒体也开始与 Facebook 进行合作，陆续有报纸、电台推出"Facebook 时间"等专题栏目。

扎克伯格甚至有这样一种宏大的世界观和价值观，他说："当社会足够开放，当每个人都可以迅速表达自己观点的时候，大部分的经济模式将开始以馈赠型经济的模式运行。它能够令公司信誉良好，值得信赖。"而且，他认为，馈赠型社会的实现能够改变政府的运作方式，"一个透明度高的世界，其组织会更好，也会更公平"。

的确，Facebook 真实透明的特色在慢慢渗透到现实生活中的每个角落。

按照美国式的思维，在政治上，如果你通过 Facebook 对奥巴马政府的某项政策进行评价，这就意味着你加入到了这种馈赠型社会中，你的言论和意见是对这项政策的"馈赠"，而这项政策会反过来给予你权利和保障，使你享受到福利。

而在另一些开放性不够的国家，Facebook 赋予个体的权利甚至更强于美国本土。在中东，Facebook 的用户往往都是受过良好教育的年轻人，他们在网络社交中表现得异常活跃，然而在现实生活里，他们受到社会的限制，没有表达的机会和途径。Facebook 反而成为他们感受真实世界、交流真实情感的自由国度。

Facebook 成为一些公司的办公系统，在那些过于程式化的公司，为了消除沉闷的气氛、促进员工间坦诚的交流、实现上传下达的理想管理模式，Facebook 式办公成为一种风潮。

扎克伯格说："如果你提供了更好的分享信息的方式，就会改变人们的生活。"他同时承诺："世界将会变得越来越透明，这种趋势会是未来 10 到 20 年 Facebook 所有变化的动力。"Facebook 给人们带来的改变越多，扎克伯格就越接近他的理想——一个日趋开放、公平、透明的世界。

集结号的力量

当有关社会学家担心当代青年的麻木、淡漠、没有公民意识时，却有人发现，随着 Facebook 的日益成熟，"数字化民主"在青年人中间流行开来。

在每个人都追求个性化的时代，志同道合变得越来越难。宣扬无所顾忌、张扬自我价值观的 Facebook 却在无意中带动了一种风潮——群体力量的盛行。

2008 年，哥伦比亚，一位名为奥斯卡·莫拉莱斯的人看到这样一条新闻：一对母子，被 FARC（哥伦比亚革命武装力量）绑架 6 年，受尽千辛万苦终于获救。FARC 是哥伦比亚境内一个肆无忌惮的恐怖组织，他们以贩卖毒品、绑架外国人质来获取巨额不义之财。莫拉莱斯是一位 IT 高手，同时也是 Facebook 的粉丝，看到这则报道后，他登陆自己的账号，却发现这个庞大的 Facebook 世界里，没有关于 FARC 的任何信息。因为在哥伦比亚的日常生活中，这几乎是一个言语禁区。

莫拉莱斯认为他必须表达自己的愤怒，当天晚上他在 Facebook 上建立了一个群组来专门反对 FARC 组织，将之命名为"反对 FARC 的 100 万个声音"。为了团结一切可以团结的力量，他将这个群组向所有 Facebook 的用户开放。

第二天下午，这个群组已经有 4000 多人加入，各种言论开始在群组里涌现。很快，这些积极的成员开始交换联系方式，线下的联系也形成了。几天后，当成员突破 8000 人时，莫拉莱斯决定组织成员举行一次游行。当他将这一计划在 Facebook 上公布时，立即引起声势浩大的响应，不仅是哥伦比亚本土，美国、巴西、印度、法国等地的成员也表示积极拥护，他们甚至建议把这次游行发展成一次全球性的行动。这些人当中有很大一部分是哥伦比亚的移民，因此也表现得异常积极。

2008 年 2 月 4 日，哥伦比亚境内近百座城市 1000 万人共同举行了一次规模空前的游行；在国外，多个城市的近 200 万人同样在当地举行游行，响应哥伦比亚的这次行动。而这次民间行为得到了哥伦比亚总统阿尔瓦罗·乌里贝的支持，他为游行队伍提供了三名保镖和一辆车，同时当地政府和部门都对此行动给予了保护。

多年来 FARC 都是一个言语禁区，但通过 Facebook 哥伦比亚人以实名的形式公开表达了对恐怖武装力量的抗议，世界各地的媒体对此进行了详细报道。活动的发起人莫拉莱斯说："Facebook 就是我们的总部，它就是报纸，就是司令部、实验室！"

在 FARC 反对活动之后，Facebook 的用户开始觉得，加入一个群组体现的是一种责任的担当。各种青年群体组织开始在 Facebook 上全面开花。

2008 年，受哥伦比亚大学邀请，活跃在 Facebook 以及其他网络媒体上的 17 个全球性的青年群体组织，集结在一起开会交流，就友爱宽容、反对恐怖主义等议题进行讨论，并成立了青年运动同盟。

对于 Facebook 和网络媒体上的这股力量，美国政府国务院公共外交次长詹姆斯·格拉斯曼曾经公开表示，"这是公共外交的 2.0 时代，新技术给美国政府反恐活动带来了强大的竞争优势。"

除此之外，近年来各种自然灾害发生时，Facebook 成为一个国际性的公共平台，为各种救助和营救提供了良好的服务。

也正是从 2008 年开始，各国政府官员也开始密切关注 Facebook，通过网络途径来关注民意、倾听民声。

2008 年 4 月，丹麦首相拉斯穆森欣喜于自己在 Facebook 上拥有了 1.2 万名支持者，为了表示尊重，他甚至亲自回复每一条评论。

2008 年 9 月，世界杯橄榄球赛在亚美尼亚共和国举行。亚美尼

亚与土耳其两国关系不佳，土耳其队表示拒绝参加比赛。在 Face-
book 上，土耳其的青年发起倡议，并组织了要求土耳其队参赛的线
上、线下活动，希望以此说服总统阿卜杜拉·古尔。在青年们的努
力下，最终古尔同意派青年代表队参赛，土耳其队轻松赢得比赛，
凯旋。2009 年，两国为重启外交开展了谈判。不得不承认，Face-
book 为两国的和解进程贡献了力量。

还有一个最著名的案例，2008 年美国总统大选中，奥巴马的竞
选团队利用 Facebook 为自己造势。首先，奥巴马建立了个人的 Face-
book 页面，争取自己的粉丝。Facebook 元老级人物克里斯·休斯成
为他的幕僚，休斯利用自身的优势，在 Facebook 上申请了高级别的
账号，然后集结粉丝进行造势活动，并成立了在线的策略团队，征
集民意。以至于后来有美国媒体称 2008 年为 "Facebook 之选"。

别无选择走向营利

初尝广告的甜果

萨维林是 Facebook 发展史中第一任广告客户经理。在他的主持下，早期的 Facebook 与一家专门从事校园媒体在线广告代理的公司 Y2M 达成合作。当时，第一个广告客户是 MasterCard，惊人的效果让创业团队里的大部分人都感到欣喜。唯有扎克伯格，保持着冷淡的态度。

可惜的是，那时的广告收入不仅微薄，而且结款周期特别长，广告商要在见到实实在在的广告效果之后才付款。

现在回头看，早在 2004 年，Facebook 就进行了一次非常出彩的广告创新，只是当时 Facebook 处于起步阶段，人人都忙着进行校园拓展计划，并无暇细细领悟。

当时环球唱片公司要推广温·史蒂芬妮的单曲《哈拉美眉》，通过分析，唱片公司认为，这种轻快的曲风最可能的目标群体是大学校园的拉拉队长，通过这些拉拉队长可以使这支单曲迅速走红校园，而 Facebook 正好能够将目标群体筛选出来。这次尝试在莫斯科维茨的主导下进行，获得了意料之中的成功。

扎克伯格要发展注册用户，成本日益增加，在尚未融资的情况下，自然得增加广告收入。当时 Facebook 每月的成本支出约 5 万美元，而当时的广告收入简直是杯水车薪。一次，在《哈佛深红报》的采访中，这个小伙子有些走神地自问自答："如果我们将需要价值10 万美元的服务器或是支付 50 万美元工资给新员工，那么，现在我们需要多少广告费？"显然，英雄汉也会被金钱难倒。

2004 年 8 月，Y2M 带来了一笔好生意——为派拉蒙影业宣传即将上映的《棉球方块历险记》。当时 Facebook 的广告形式是条幅广告，网页左下方一个垂直的长方形是唯一的广告位。当时双方达成的协议是，派拉蒙支付 15000 美元，获得 Facebook 用户的 500 万次点击。

另外，派拉蒙额外争取了一个条件：建立一个讨论版块，由电影迷组成。派拉蒙作为版主，发起了一个倡议"现在，大家和我一起唱，'谁住在海底的一颗菠萝里？'"这样一句话，立即引来骂声一片。用户们认为这是一种非常幼稚的行为，甚至认为侮辱了这部电影。当然，与骂声相伴的则是大量用户对电影的关注，这部电影被 2500 名用户在个人页面上提及。换个角度而言，预期的宣传效果达到了。

莫斯科维茨正在尝试投放精准广告，但扎克伯格对广告并不感冒，公司几乎所有人都在关注网站运行，因此在当时这样一次尝试性行动没有引起公司内部的注意。孰料，这个宣传形式后来被加以完善，成为 Facebook 主打的广告模式之一。后来，扎克伯格提供了一些新的广告位，以吸引更多的广告客户。

当时 Facebook 的用户多是大学生，因此学生也能够在 Facebook 上发布广告。比如，学生可以够买一个小广告位，发布自己的"传单"；学校社团聚会、大型活动的宣传活动也可以通过 Facebook 打广告。但是，这种广告的收费非常廉价，不超过 100 美元每天。而且，扎克伯格担心太多广告会影响用户的使用体验。

2004 年 12 月，Y2M 公司把苹果公司拉来，成为 Facebook 的广告客户，为 Facebook 带来了一笔"横财"。苹果公司毕竟不同凡响，出奇制胜是其特质。这次苹果公司购买的不是广告位，而是广告赞助。

当时 Facebook 上已经有了"果粉"的群组，苹果公司拿出 5 万美元赞助此群，同时承诺，每增加一个新用户每月就增加 1 美元赞助费。当然，在这个群里，苹果公司有权发起一些活动、疏导言论、进行市场调查、发起产品免费试用活动等。

对苹果公司而言，数万美元的费用就能获得一个精准的目标客户群，能够向这些大学生进行有的放矢地推广。对 Facebook 而言，这笔赞助几乎能解决每月的成本问题，是当时最大的一笔收入。更重要的是，扎克伯格对这种广告模式表示了赞许。

有了苹果公司的这次成功探索，2006 年，扎克伯格开始接受大型广告客户投放广告。他说："我并不是憎恶所有的广告，我只是讨厌差劲的广告。"

2006 年 6 月，Facebook 寻求到了更好的合作，广告界骄子——国际公众企业集团与 Facebook 结盟，以广告客户的名义付费 1000 万美元，换得 Facebook 的一些股票，从某种意义上说，这实质上是一种投资。与此同时，Facebook 开始与微软 MSN 达成合作，将 MSN 植入到 Facebook 平台。一度入不敷出的 Facebook 在 2006 年度由赔钱实现盈利。

不过，广告盈利以及广告模式的探索，再次被扎克伯格冷落在了一边。

不要代理，要自创

传统的条幅广告显然就是扎克伯格深恶痛绝的最差劲的广告。

作为一个首席运营官，范·纳塔可能不算优秀；但是作为一个商业谈判高手，范·纳塔的坚持和强硬是非常难得的品质，因为他的上司扎克伯格是一个从来不愿意与人公开敌对、不愿与人争得面红耳赤的人。

经过漫长的谈判，2007 年，范·纳塔达成了与微软的合作。微软这一次的投资，让 Facebook 的市值再次提升。与微软达成的合作，既有投资，也有微软产品的国际广告合作方案，但这依然是不符合扎克伯格理想状态的广告模式。

此时的扎克伯格已经清晰地意识到，盈利是企业发展的必由之路，既然没有办法改变路径，那么就改变走路的方式，他想要建立自己的广告模式。幸运的是，积极甚至有些冒进的范·纳塔从来不缺乏创新的勇气。

就在 Facebook 摸索新的广告模式的过程中，广告社区化的概念逐渐成熟。2007 年 11 月 6 日，Facebook 为自己的网络广告模式在纽约举行第一次大规模宣传活动。所谓广告社区，就是 Facebook 可以为任何商业组织或产品提供免费页面空间。因为 Facebook 坚信，一旦这些商业组织在 Facebook 上落脚，面对诱人的用户点击量，它们就会自愿自发地为它们在页面上的广告付费。Facebook 上的用户可以成为它们的粉丝，这样，广告商与广告受众之间的互动关系就可以成功建立。

这种模式无疑是受到了苹果公司的广告赞助模式的启发。这样一来，广告商有了很大的自我发挥的空间，Facebook 提供的只是精准的目标客户群体。与传统的商家一厢情愿地宣传、消费者心不甘情不愿地被动接受相比，广告社区是在自愿的基础上建立的，减少了广告的色彩，在潜移默化中广告的效果可以大幅提升。

每一次创新和变革都会有风险。这次广告模式的探索也产生了一次不小的危机。当时，Facebook 推出了一项名为"灯塔"的服务，当某一位用户进行了某项消费之后，Facebook 就会通知他的好友，从而影响和带动好友的同类消费。但这个服务触及某些用户的隐私，也就是说并不是所有的用户都愿意把自己的购买行为通知他的好友。"灯塔"事件爆发，首席运营官范·纳塔也不得不因此离职。

范·纳塔在帕克之后、桑德伯格之前的 2006 年～2007 年间，为 Facebook 的运营和创收，做出了不可否认的努力。"灯塔"事件一时沸沸扬扬，但扎克伯格依然相信，信任推荐这种机制是广告界的一座"圣杯"，值得去追捧。

2007 年秋天，Facebook 开始按部就班地走向世界，用户数量超过 5000 万人。巨额的成本费用支出是整个管理团队不得不面对的问题，仅仅依靠融资、坐吃山空是不可能的了。Facebook 在广告模式上的探索虽然不是一帆风顺，却也有了一定的方向，达成收支平衡是未来一段时间需要努力实现的目标。

恰逢其时，桑德伯格来到了 Facebook。2007 年底，上任的桑德伯格思考的基本上只有一个问题：Facebook 既要受人欢迎，还要拥有强大的赚钱能力。前者由扎克伯格负责，后者责无旁贷地落到她的肩上。

桑德伯格相信，这个新生的社交网站将会成为有史以来最伟大的广告平台之一，这是她为 Facebook 设立的愿景。因此，她要求公司高管尽力配合她的目标，把焦点统统放到挖掘广告商机上来，将 Facebook 强大的网络资源货币化。

没有人怀疑桑德伯格具有这样的能力，因为强势而无畏的她已经有成功的先例。2001 年底，谷歌和 2007 年的 Facebook 如出一辙，创办仅 3 年，没有实现稳定的盈利。而桑德伯格加入之后，通过 AdWords、AdSense 等广告项目，帮助谷歌在短时间内实现盈利。第二年，她促成谷歌与美国在线公司的合作，谷歌的广告收入直线攀升。

扎克伯格的心并不在盈利上，但他对桑德伯格的信任是毋庸置疑的。在桑德伯格大刀阔斧部署 Facebook 的"揽金计划"时，扎克伯格决定进行为期一个月的环球旅行，扎克伯格的回避就是要尽量减少对桑德伯格的干预。

颠覆吧，网络营销！

当时，Google 的搜索广告是互联网广告之王，但遗憾的是，搜索广告最大的缺陷在于：不能让用户产生购买的冲动，而只能当消费者已经有购买欲望时，在品牌选择上进行引导和影响。桑德伯格意识到，Facebook 要真正实现在网络营销上史无前例的突破，就要从此下手。

2008 年春天，扎克伯格环球旅行归来，Facebook 颠覆式的网络营销理念日见雏形。

扎克伯格认为，Facebook 的优势在于互动，因此，在广告营销方面，Facebook 有能力帮助用户与广告投放者之间进行双向沟通，将纯粹的广告诉求变成社交内容，实现"不着一字尽得风流"的效果。

互动式广告由此诞生，又称为定制式广告。

在 Facebook 的页面上，用户们已经把自己的爱好、习惯、兴趣都自愿地放到了 Facebook 的页面上，Facebook 可以对这些信息进行统计和分析，并将结果提供给广告商，广告商能够根据这些信息分析出用户的潜在需求和购买可能性，然后进行有针对性的推广。

有别于微软的条幅式广告，广告商家在 Facebook 的页面上可以发布一些引导性的信息，吸引用户参加碰巧出现在自己页面上的一些活动。这些广告的形式非常多样，或是邀请你评论一个视频，或是提供商品试用品的优惠券，你也可以将广告链接发送给朋友，邀请他们一起参加活动。

桑德伯格说："我们的信息比任何人的都要好。我们知道性别、年龄、籍贯，而且这些都是真实的，而其他公司只能推测。其他网站的广告商的预测性定位往往是错误的。"

有了互动性之后，消费者的积极性提高，他们往往会自发自愿地对某个产品进行评价，甚至推荐给朋友，"我用过了挺好，我敢说你也会喜欢"。

其实这与在日常生活中的社交是一样的道理。女人与女人之间见面，往往会谈论谁的衣服很漂亮，在哪买的，这是社交的突破口或者说引爆点，而Facebook把这种现实中的社交场景搬到了网络上。物以类聚，人以群分，当人们的兴趣、爱好、品味相近时，自然会成为好友，形成亲密的社交关系。

数字广告代理公司的经理说："不管愿不愿意，各大品牌都已经上了Facebook的页面。无论人们爱还是恨一个品牌，他们都会建立小组或者页面，张贴信息。"

Facebook的广告销售经理也拥有了独特的优势，他们会先从公司的数据库里搜索某个产品或公司的信息，了解到底有多少用户提及或者关注它，然后将这些数据呈现给广告商，告诉对方他们的产品在Facebook到底有多么深入人心，并十分肯定地告诉对方，这些群体就是他们不可错失的目标受众，广告精准率不可与传统的营销方式同日而语。

Facebook打造的这种互动式、对接式营销，能够促成市场人员和受众之间的对话和交流。精明的商家深入挖掘这一功能，将产品的前期市场调研都放在Facebook进行：新款汽车的设计、冰激凌公司的新产品研发都邀请用户来献言献策。这些让用户有参与感和主人翁身份的活动，使用户感受到尊重，从而也使品牌获得极佳的形象和口碑。更重要的是，这种市场调查的准确性、启发性更高，能降低产品开发的无针对性和风险性，并提高消费者的忠诚度。

互动式营销带来了广告商家的社区化。大部分厂商都在 Facebook 上安家落户，建立自己的页面，如百事、宝洁、联合利华等。其中有些商家的社区非常壮观，阿迪达斯、可口可乐、费列罗金莎巧克力、品客、星巴克、维多利亚等商家的粉丝已经超过 200 万，集结了他们绝大部分的忠实消费者。

当然，当用户在 Facebook 上对某一品牌进行抨击或者批评时，任何商家也都会感到无能为力，回击、打压消费者是最为愚蠢的，因为"网络社交的对话不受控制，你只能加入对话"。

经济学家对 Facebook 创造的这种营销方式如此评价："社区网络正在变成社会工厂，改变着我们重组社会的能力，让我们可以去创新、去创造商品和服务。"

掌握着非常详尽的用户信息，这是 Facebook 能开展颠覆式网络营销的最大优势。商家投放广告时，可以限定投放的对象，从而提高广告效果。比如加州某家婚庆公司，他们的广告就会专门针对这样的人群：生活在加州、20 岁~30 岁、未婚的、表达过结婚意向的用户。

用户的基本信息，包括地区、性别、年龄、婚姻状况、工作性质、消费能力等项目，广告客户可以进行自由组合。Facebook 能够替广告商进行市场调研，通过整理用户信息数据帮助广告公司有的放矢地投放广告。

当然，这种广告形式也意味着另一个问题的存在——用户的隐私保护。Facebook 公司表示，提供给广告客户的这些数据信息，都是关于群体的，而非个人信息，因而并不存在侵权的可能。

据数据显示，2009 年，Facebook 的互动式广告和在线自助广告为公司创收大约 5.5 亿美元。

变是为了最终的不变

让用户习惯持续地改变

一个人容易被劝服，但一群人的习惯就难以被改变。

庞大的用户群体给 Facebook 带来的一个难题是：每一次小小的改变，都会遭到铺天盖地的议论。念旧，也就是不愿改变，是人之本性，因此这些议论绝大部分都是反对意见。

2004 年期间，扎克伯格执意开发的 Wirehog，应用到 Facebook 平台上没多久就被打入冷宫。要让网站能够有持续不断的吸引力，就要持续带给用户新鲜的体验。2005 年底，开发团队决定在 Facebook 上添加图片功能。扎克伯格有些担心，Wirehog 被证明是失败的，新的图片功能与之有相近之处，用户会不会买账很难说。

最终帕克说服了他。因为这次的图片功能，不同于 Wirehog 的复杂，操作非常简单。在用户的页面上，用户可以上传图片作为个人信息，图片的标记则使用用户的名字。上传和分享都非常简单，只要轻松点击就可完成。同时，程序会对图片进行压缩，提高上传速度，节约了存储空间。

在这个读图的年代，相比起文字，人们更加愿意用图片来记录自己的日常生活。而这些图片又能够非常生动地把在线活动与现实生活中的社交关系连接起来。

图片功能极大地增加了 Facebook 的吸引力。2009 年末，用户已经在这个平台发布了 300 亿张图片，Facebook 成为世界上拥有图片最多的网站。

2008 年 9 月，Facebook 个人用户页面进行改版。随着用户的增加，页面必须变得更加简洁，从而容纳更多的信息。但是对于这一改动，有人提出这是 Facebook 的倒退，甚至是在抄袭后起之秀 Twitter。

就连 Facebook 内部的工程师也这样感叹："我会一直讨厌这个改版，直到下一次折腾到来，到那时我将热爱这个版本，并且激烈反对下一次的改版。"

除了功能上的完善，用户群体的开放也一路伴随着 Facebook 的成长。每一次 Facebook 向新的群体和区域开放，"末日论"就开始甚嚣尘上，"如果他们允许哈佛教职工也加入、如果他们超过哈佛的范围、如果他们让常青藤之外的大学加入、如果高中生也加入、如果成年人也允许加入……那么每个人都会走掉的。"

从图片功能到新闻订阅，再到更多应用平台的植入，从哈佛到常青藤，从大学生到所有社会人士，针对这些变化的各种质疑都阻挡不了 Facebook 持续改变、不断开放的心。争议终究会过去，越来越多的用户开始习惯 Facebook 多变的风格。

Facebook 在为用户提供一个发表言论的平台，任何用户都可以对任何事物发表自己的意见和看法，Facebook 本身也同样能够成为议论的对象和焦点。作为馈赠型经济的提供者和倡导者，Facebook 也往往成为最大的靶子和受害者。

2008 年底，在经历过多次用户风波之后，扎克伯格说："最大的问题就是如何引导用户接受必须经历的持续改变，我们在发布任何主要的新产品时，总会遇到一些强烈抵制。我们需要保证在继续强势地发布新产品的同时，管理好这个巨大的用户群。我希望能够继续打破种种极限。"

扎克伯格希望 Facebook 能够成为用户体验的引导者，而并非一味地迎合与满足用户。尽管 Facebook 总是走在用户的前面，会遇到用户因为陌生而本能发出的抵制，但一旦他们真正进行了尝试，会对这种新的体验感到满足。

当然，为了减少用户们面对突如其来的改变时的茫然和生疏，强势的扎克伯格也做出了一些让步，他说："当我们要做有争议的改变时，投票意味着我们在对用户负责。我们要与他们开诚布公地沟通，我认为这样会让我们保持诚信。"但对于他而言，沟通并不意味着迁就，往往是说服甚至洗脑。

即使是与用户的博弈，从小就"严肃无情、固执己见"的扎克伯格也不会轻易妥协，这也许是 Facebook 能够一直看起来很"酷"的真正原因。

作为平台，有容乃大

在 IT 界，"平台"概念的首创者当属比尔·盖茨。在 20 世纪 80 年代，微软的 Windows 逐步占领了个人电脑操作系统的市场，使各种应用软件都不得不屈服其垄断地位。只有像 Windows 一样的平台，才符合扎克伯格心中的帝国梦想，"我们希望把 Facebook 设计成某种操作系统，你可以在上面运行各种各样的程序"。

据说，这个构想在扎克伯格心中由来已久。帕克后来回忆，早在 2004 年的某一个晚上，扎克伯格就透露要成为盖茨第二：不能仅仅停留在社交网站的层面，而是应该打造一个开发平台，就如微软的 Windows 系统，让 Facebook 成为人们进入网络世界的前提，软件开发商必须以 Facebook 为基础。

这样的梦想显然不是一朝一夕能够实现的，即使到了今天，Facebook 虽然已有数千个应用程序，但是离垄断网络世界的梦想还很遥远。但对于年仅 28 岁的扎克伯格而言，这一切才刚刚起步。

由网站向平台的转变开始于 2006 年下半年。当时，Facebook 的工程师写出第一个应用程序的功能是：通过 Facebook 的账号能够登录其他的网站。但是这个并不实用的程序并没有得到真正的应用。之后取得成功的"动态新闻"其实也是一种应用程序——通过登陆 Facebook 了解好友的即时动态。

Facebook 内部程序员进行开发是不够的，扎克伯格决定借助外力。2007 年 5 月，Facebook 推出了开放平台，提倡第三方软件开发者开发与 Facebook 核心功能集成的应用程序。24 日，隆重的 Facebook 平台启动活动"F8 开发者大会"在旧金山举行。扎克伯格说："人们可以自由地在这个平台上开发，而且可以做任何他们想做的事。他们可以在 Facebook 里创业，可以贴广告，可以有赞助商，可以做买卖，也可以连接到另一个网站。在这方面，我们是不可知论者。将会出现这样的公司，他们唯一的产品就是嵌在 Facebook 里的软件应用。"最后他甚至激动地高呼："携手一起，让我们掀起一场运动吧！"

"顶级朋友"、"涂鸦板"、"我喜欢"等一系列应用程序的出现使得 Facebook 变得更加有趣。"对吼"，一些诸如象棋、拼字等之类的游戏也开始出现。

在如今的 Facebook 上，游戏已经成为最成功的应用程序。Facebook 专门负责线上游戏项目的戴维斯踌躇满志，他说："在未来的 3 年里，所有的游戏都会变得社交化，所有的单一设备——不论是游戏机还是手机，或是电视机，都将能够连接到 Facebook，并能获取和分享你的 Facebook 数据。"

扎克伯格的鼓动显然是有效的，对于硅谷的一些高科技公司而言，他们感到自己甚至是为 Facebook 而生。基于 Facebook 的第三方网站或者博客，如 Adonomics、AppRate、Inside Facebook、Face Reviews 等陆续横空出世。甚至连肖恩·帕克，这个曾经的 Facebook 总裁，在离开之后也自创了一家音乐串流网站 Spotify，它是 Facebook 上的重要链接，它的主要功能是挖掘新音乐并让音乐病毒式传播。帕克坦言自己把希望寄托在 Facebook 身上。

从 2007 年 5 月份的平台开放启动大会到当年 9 月底，已经有超过 4500 个 Facebook 应用出现。这种速度，让世人认识到了 Facebook 的强大号召力。自此之后，"F8 开发者大会"成为一年一度的盛会。

打造平台的最初，扎克伯格并没有考虑盈利的因素，他说："只要这个平台能够增强我们的市场地位，我们就不会强迫自己去问该如何快速利用这个平台赚钱。"但这时候，盈利已经是水到渠成的事情了。

2008 年初，一些应用程序带来的收入开始出现，它们提供虚拟生日蛋糕、游戏积分、页面装饰等产品，用户可以直接在 Facebook 上购买这些产品。当时新上任的桑德伯格预测，未来 Facebook 将有 20%～30% 的收入会来自这些应用程序。

2009 年，一些热门的游戏每个月的运营收入就超过了 300 万美元，而每年 Facebook 应用程序里业务量达到了数亿美元。寄生于 Facebook 平台上的第三方软件公司创造的销售收入也总计达到了 5 亿美元。

对于 Facebook 平台的成功，桑德伯格将之诠释为 Facebook 的一种转变，"从群体的智慧到朋友间的智慧"。这听起来非常冠冕堂皇的理念的确捆绑了无数的大牌。

在 2011 年的 F8 开发者大会之后，Facebook 的"朋友间的智慧"再次显示出其惊人的威力：Netflix——美国最大的在线电影和视频点播商，Spotify——帕克主持下的欧洲在线音乐串流网站，沃尔玛——世界性连锁超市，eBay——国际贸易全球门户，PayPal——国际贸易支付工具等，纷纷成为 Facebook 的战略合作伙伴。

无孔不入的 Facebook 效应开始让人们感到恐惧，一家名为 Zynga 的社交游戏公司在进行风险融资的时候不得不坦白："如果未来我们不能与 Facebook 维持良好的关系，我们的业务会遭受重创。"这种不言而喻的潜在风险，立即让 Zynga 的股票跌破了发行价。

存在类似问题的公司不仅仅只有一家，全球已经有不少应用程序供应商出现了对 Facebook 过度依赖的症状，是 Facebook 让他们得以生存，但 Facebook 也让他们为未来的生存感到不安。

突破自我，融入世界

应用程序日益增多，Facebook 平台的价值也日益提升，这是有容乃大的体现。扎克伯格说，有数千个应用程序在这个平台上，Facebook 对用户的信息会有更细节化的了解，"你们不需要'喜欢'一部电影，但能够'观看'这部电影。农民可以'吃'一顿饭，'徒步'一段小路，'听'一首歌曲，用社交连接任何事物，用你们想要的方式，我们将为 Facebook 加上动词"。

随着 Facebook 平台上的应用程序越来越丰富，与沃尔玛、eBay 等厂商强强联手，Facebook 所能掌握的这些信息还包括购买某件商品、支付某笔费用的信息。

而与此同时，Facebook 还掌握这些用户的真实的基本信息。这对于其他网站而言是不可能的，这是 Facebook 独一无二的资源。

试想一下，注册用户 8 亿多人、广告主 200 多万家、应用程序 5 万多个、开发者和合作公司数十万家，这种资源简直就是一个巨大的宝藏。

尽管外界对 Facebook 的垄断趋势表示出各种警惕和非议，但是作为馈赠型经济的提倡者，作为共享与透明世界的向往者，虽然有着帝国情结，但扎克伯格并不想成为一个封闭、独享的霸主。

分享和馈赠从来都是双向的，当第三方应用程序走进 Facebook 的王国时，这位网络巨子也开始敞开自己的胸怀，走向其他的互联网同伴，融入整个网络世界，甚至愿意把所掌握的信息与他人分享。

人们似乎又一次小看了扎克伯格，他说："我认为将来的趋势并不是在 Facebook 里应用小程序，而是所有的网站使用 Facebook 的用户信息，以共享更多的信息。"

早在 2008 年，扎克伯格已经将这种自我突破付诸实践。这年年底，Facebook 决定深入到互联网大世界当中，于是创造了一个程序"Facebook 联谊会"，即：任何一个网站，如果愿意加入这个联谊会的话，就可以将 Facebook 引进自己的网站当中。

当时，在 Facebook 以外的网站，甚至包括其他有竞争力的社交网站都没有实现实名制。如果能够与 Facebook 联合起来，就如莫斯科维茨向这些网站所强调的，"你会知道哪些 Facebook 用户登陆了你的网站，同时你也可以使用 Facebook 所有针对信息的广告。这一点绝对是联谊会的核心战略"。那么，原本对用户信息一头雾水的这些网站，对自己的用户群体的特征会更加了解，因此很多网站都乐于参与其中。

2009 年 3 月，与联谊会相辅相成的 API 接口正式开放，在这个程序的帮助下，Facebook 以外的网站也能够享用和运用 Facebook 的功能，其中当然包括用户信息。

2009 年 8 月，Facebook 收购了 Friendfeed，之后很快启用了新版网站。Facebook 显然吸收了 Friendfeed 的精华，个人页面变得更加简洁、清新，剥离了复杂的工具，对宽带的要求也更低，呈现出一种化繁为简、返璞归真的风格。另外，手机用户也可以顺利登陆 Friendfeed。这就是 Facebook 想要的：打破自身的局限，360 度地融入人们的生活。科勒甚至这样畅想，"5 年之内，在或不在 Facebook 网站将不会再有明显差别，因为 Facebook 将成为一种你与人交流时总是伴随左右的东西。"

这个趋势正在逐步形成。在当下的北美地区，企业在自己的名片和广告上，都会印上自己在 Facebook 的网址；作为个体，使用自己的 Facebook 账号，可以订票、订餐、参加活动、登陆其他第三方购物网站；在美国，除了驾照号码、社会安全号，Facebook 账号成为另一种身份识别信息。

从迎接他人的"有容乃大"，到 Facebook 倡导分享的"无欲则刚"，Facebook 帝国已经日渐成型。扎克伯格说："我们最应该做的是与周围的世界一起平稳前进，要不断地竞争，但不能筑起藩篱。到目前为止，我们认为大部分的分享无论如何都将要在 Facebook 站外出现。"扎克伯格有着超出他年龄的远见与成熟，总是一次次地突破自我，"试图去创造未来几十年内产生价值的东西才是正确的决策，我们的许多改变都是以这样的一个时间跨度来决定的"。

2010 年扎克伯格当选为"2010 年度人物"时，《时代》杂志如此写道："他以创造性的方式建立了一个社交王国，并因此改变了人类的生活方式。如果将 Facebook 联系起来的 5 亿多人聚集在一起，人口数量仅次于中国和印度，相当于世界第三大国。此外，扎克伯格领导的'这个国家的国民'也更有优势，因为他们掌握了更多的信息。"

隐私泄露——先天性病症

一个巨大的挑战

在开发 Facebook 的前身 Facemash 时，扎克伯格就因为侵犯别人隐私而遭受处罚。

离开那个信息封闭的哈佛校园后，他希望能够凭借自己的力量建立一个公开透明的世界。当扎克伯格提出要推动世界的公开与透明时，Facebook 一个先天性的缺陷就暴露出来——隐私保护的问题。

从一开始，Facebook 就强调实名制，与非实名制相比，这似乎更容易处理隐私侵权问题。但从另一方面而言，扎克伯格正是要通过实名制，实现用户线上、线下同一个身份，只有这样才能对隐私问题进行控制。正如在 Facebook 担任首席隐私官的克里斯·凯利所说，"通过要求人们对他们的行为负责以及使用真实身份，我们已经构建起了一个我们认为更安全、更值得信赖的互联网模式"。

在注册账号时，早期的 Facebook 会向用户说明："任何不在您联系人列表中的用户，都无法查看您在 Thefacebook 提交的个人信息。"

的确，在 Facebook 发展之初，尤其是当用户们的关系网还仅仅局限在相对简单的校园之内时，这种保护的确有效。但是当最初的界限被打破，Facebook 这个平台越来越开放，用户置身于这样一个环境当中，失控就变得在所难免。

尤其是在成人的世界里，在 Facebook 的信息遭遇"示众"，往往影响的已经不只是人际关系，甚至能彻底改变自己的生活。

对于很多用户而言，Facebook 是一个与朋友交流感情的场所，因此内心很多真实但并不光彩的想法都会在 Facebook 袒露。而一旦私生活与职场生活重合起来，用户是否还愿意如此肆无忌惮地公开自己的信息呢？

奥巴马的演讲稿撰写人乔恩·法夫罗因为一张 Facebook 上的照片，遭到了公众的羞辱和唾弃。而这张照片来自他朋友的 Facebook 页面，照片中，他在聚会上将双手放在希拉里真人纸板剪影的胸部。加拿大温哥华某位政治候选人，在 Facebook 上的一张照片被媒体曝光，图片上的两个人正拉扯着他的内裤，这张私密的照片迫使他不得不放弃竞选。

不仅是政坛人物，就是普通的职员也会因为 Facebook 而影响到职场生涯。2009 年美国雇主调查显示：35% 的公司曾因他们在社交网络上了解应聘者的信息时，发现了某些现象而拒绝了对方，其中首要因素是该应聘者曾经发布挑衅和不雅的照片和内容。当一个公司进行招聘时，先上 Facebook 了解应聘者的真实信息，已经成为一种趋势。

MySpace 音乐业务前任首席技术官德米特·沙皮罗言辞激愤："Facebook 赚钱没什么错，所有企业都要赚钱，但是明显错误的是，我们的个人隐私、个人信息、数字生活成了企业利润的牺牲品，我们没有选择权，甚至不清楚个人隐私被侵犯的事实。"

扎克伯格一直在倡导一种透明化的世界，"对于一个人来说，双重身份是不诚实的表现，今天这个世界的透明程度将不会再允许一个人拥有双重身份"。这会不会是他心目中的乌托邦呢？为了这样一个理想国，扎克伯格在与自己较劲、与用户博弈。他似乎在扮演一个明知不可为而为之的精神导师，他苦口婆心劝人们诚实、坦率、透明，他希望人类的两面性渐渐消亡。

这会是扎克伯格的一厢情愿吗？桑德伯格说："马克确实极为相信透明化，相信一个公开的社会和世界，他在把人们朝那个方向推动。不过，我认为他也知道实现那个目的的方法就是给予人们精细控制和舒适度。他希望你能够更加公开，而他也是那种乐于帮助你走到那一步的人。所以对他来说，这更多的是一种实现目的的手段。"但桑德伯格以自己40年的人生经历判断，也许事情并非如此，一个人不愿将生活透明化，也并非坏事，更非错。

扎克伯格从来不回避 Facebook 在隐私保护方面存在的缺陷，他说："让人们更加公开自己是一个巨大的挑战，不过我认为我们能行，只是需要时间。对于许多人来说，你分享得越多这个世界就会越美好的概念听上去像是一种难以理解的思想，在这里你会碰到难以跨越的隐私壁垒。"

技术不能承受之重

"动态新闻"风波之后，扎克伯格作为一个企业管理者的危机处理能力大大提升，而且也形成了他强硬的危机处理风格——先兵后礼，先行动后补救。而事实上，他承受的心理压力是外人无法感受的。这也符合他一贯的作风：不仅要与用户对弈，而且还要适时地充当精神领袖。

动态新闻历经曲折，最终成功上线，也再一次强化了扎克伯格透明化的信念，团队人员对这位 CEO 的决策也更加信服。

通过"动态新闻"风波，真正用心的 Facebook 用户开始反思，也许一些问题的发生原因并不在 Facebook，而是在 Facebook 之外。

技术是无辜的，价值观才是罪魁祸首。这里的价值观包括了双方的价值观，一方是 Facebook，一方则是用户。在迪拜，因为 Facebook 上出现了一个汇集了 138 个用户的群组"迪拜女同性恋者"，政府关闭了网站。在沙特阿拉伯，一个父亲因为女儿在 Facebook 与男性交谈而杀害了她。这些极端的事例告诉人们，一切的错都与技术无关，关键在于使用者。只要人的观念正确，那么所有的技术都是一种生产力，都是为了让生活更美好，而不是制造破坏。

的确，当 Facebook 与用户生活的联系越来越紧密，一些有悖于网站初衷的行为开始出现。有人谎报自己的交友状态，违背表里如一、同一个身份的原则；有人攀比交友的数量，不加选择地疯狂发展好友，以彰显自己的个人魅力。这些行为，对隐私保护自然是有害无益。

枪口也不再齐刷刷地指向 Facebook。佛罗里达州的一位高中生在 Facebook 发了一句牢骚，评价自己的英语老师"是我所遇见过的水平最差的老师"，并为此创建了一个专门的小组。当学校的校长知晓此事之后，给予了这位高中生停课 3 天的处罚。然而，这位学生并没有迁怒于 Facebook，而是将校长告上法庭，她控诉校长侵犯了她言论自由的权利。

一年之后，当年"学生反对 Facebook 动态新闻"群组的发起人本·帕尔已经毕业，成为一名撰稿人。此时他已经"倒戈"，站到扎克伯格的阵营当中，他在文章中说："过去的两年发生了翻天覆地的变化，我们对于向众人分享我们的生活和想法感到越来越自在，不管是向亲密朋友还是陌生人。新技术的发展和扎克伯格的'捣乱'导致了这样的变化……动态新闻真正引发了一场革命，值得我们驻足欣赏，隐私并没有消失，只不过变得更易于控制了。我们可以控制想要分享的内容，我能够和所有人分享我的信息，而我想要保密的内容依然留在我的脑海里。"

在普通公众中，也有人站出来为 Facebook 说公道话。纽约法学院的一位助理教授就撰文为扎克伯格辩解："Facebook 有着严重的隐私问题和一个令人赞叹的全面的隐私保护架构。Facebook 中的大部分隐私问题都是……人们热衷于使用 Facebook 的自然结果。可靠的控制个人信息的愿望和不经意间的社会沟通之间很可能存在着不可协调的矛盾。"他认为 Facebook 致使隐私泄漏，并非 Facebook 公司的有意为之，而是使用者及其朋友所造成的。

当 Facebook 开放的程度越高，那么隐私的保护和控制难度就越大，这需要用户学会自我保护。

的确如扎克伯格所言，动态新闻是 Facebook 史上一次重大的变革，因为之后 Facebook 能够产生全球性的影响力，依靠的都是动态新闻的集结功能和即时号召能力。这种由技术带来的积极意义也非技术与生俱来，都是由人所赋予的。技术不能承受人类是非对错之重。

Facebook 威胁论

在写作《Facebook 效应》一书时，作者大卫·科克帕特里克对 Facebook 有过深入细致的调查。在谈到 Facebook 的隐私问题时科克帕特里克如此分析，"Facebook 有 75% 的可能性成为一个数据'海盗'，盗用用户的信息而并非保护它们。如果想避免这事发生，Facebook 创始人兼 CEO 马克·扎克伯格和 COO 雪莉·桑迪伯格必须保持人性、开放和透明，以保有影响力和被寄予的信任，但这几乎超出了任何个人的能力范围"。

科克帕特里克客观地评价，Facebook 在自律方面还算差强人意。

毕竟，水能载舟亦能覆舟，庞大的用户群是 Facebook 赖以生存和发展的根本，"如果 Facebook 真的成了邪恶的独裁者，它的用户会抗议和离开，它没有什么机会变得邪恶"。

各类社会研究机构已经把"社交媒体对个人隐私和安全的影响"列为专门的课题。卡耐基·梅隆大学的研究显示，"Facebook 实际上已经成为一个全球性的照片识别数据库。我们正在面临这样一个前景：好人、坏人和危险分子将能在人群中识别出别人，并能知晓这个人的个人敏感信息"。

也就是说，Facebook 这个平台一旦被人利用，完全能够对个人隐私和安全构成巨大的威胁，只是目前还没有出现非常极端化的案例。

2011 年 5 月，针对 Facebook 的个人隐私问题，相关部门进行了民意调查，结果显示，有 75% 的调查认为以 Facebook 为代表的互联网公司操纵个人隐私已经威胁到个人安全。

还有研究认为，在 Facebook 时代，靠个人数据赚钱远甚于靠用户基数赚钱。从投资人对其 1000 亿美元的估值来看，相当于每个 Facebook 的用户信息至少值 100 美元。这样的分析并非毫无根据。中国版的 Facebook——人人网，在成立之初为了人气，就是通过"花钱买用户"：在校园里老用户推荐新用户，都会得到相应的"奖品"。

那么，Facebook 是否存在以出卖用户数据来谋利的可能？不可否认，现在 Facebook 的广告收入无不是以用户群体的信息换得的。只是目前这种形式还没有触碰到用户的底线，因此，《纽约时报》曾如此中肯地评论，"Facebook 的价值取决于其能否以这些信息为饵钓到广告商，并巧妙地处理世界各地的用户和政府监管部门对隐私问题的关注"。

也许正是因为 Facebook 威胁论的兴起，逃离 Facebook 成为一种小众趋势。

2011 年英国《每日邮报》的一项调查显示：对社交网感到厌倦的年轻人达到总人数的 1/4，有 24% 的青年群体表示，注册之后很少登陆；31% 的人表示出现社交网站疲劳症，新鲜感减退。究其缘由，有 33% 的厌倦者表示主要是受到隐私外泄的影响。

2012 年，在 Facebook 的上市文件中显示，用户增长速度放缓已经是持续一段时间的趋势。在 2011 年 5 月，有 10 万英国用户注销了 Facebook 账号，而在美国本土，更是有 600 万人选择逃离 Facebook。

有报道指出，逃离 Facebook 最多的群体反而是青少年，Facebook 的老龄化开始出现。在 2011 年，新注册用户的平均年龄竟然达到 40 岁，而增长最快的是 55 岁~64 岁以及 65 岁以上这两个年龄段的群体。青少年的父母、长辈纷纷登上 Facebook，这些要求独立与隐私的青少年不愿意与父母成为坦诚相见的"朋友"。

曾记得最初的 Facebook 是以年轻人的集散地而著称，如今却成为部分青少年的"禁区"，这是 Facebook 的尴尬，也是 Facebook 需要面对的所谓"相对隐私"的难题。

对于 Facebook 迫使隐私消亡、Facebook 威胁论的观点，Facebook 并没有给出积极回应，甚至还一次次在隐私控制问题上"捅娄子"。

扎克伯格的辩解振振有词，他说："人们需要的不是完全的隐私。他们不是想要保密，而是想拥有分享哪些东西的控制权"。他甚至坚信，"用户不但真的越来越乐意分享更多不同种类的信息，而且也更公开地与更多人分享这些信息"。这种论调引发了用户们的非议。

扎克伯格的这种对公开与透明的坚持与坦诚，也是在一再告知人们，"Facebook 的存在是为了让世界更加开放、连接更加紧密，而非仅仅是建立一个公司"，这是扎克伯格始终不渝的追求。

受众危机——每一次山雨欲来

"动态新闻"引发的动荡

2006 年，在图片功能大获成功之后，扎克伯格决心实现一个更加伟大的功能——动态新闻。

在日常生活中，人们也常常会问，我的那些朋友们现在在做些什么？扎克伯格是名副其实的心理学家，他能够非常巧妙地把现实社交中的每一种心理揣摩得淋漓尽致，然后通过程序移植到网络社交当中，让用户得到身临其境的体验。

动态新闻，对用户而言，只需要轻松点击一下就能了解到朋友们的近况，但对于网站而言，这是个非常庞大、持续不断的工作。整个网站要监视 Facebook 每个用户的活动，关注每一次更新，当用户需要了解对方动态时，程序会根据用户的喜好来筛选对方的活动，把用户感兴趣的、跟用户密切相关的信息按重要性排列出来。Facebook 为整个系统的开发花费了整整 8 个月的时间。

如此费心的项目，付出越多，整个团队的期望值就越大。

2006 年秋季，程序设计完成，扎克伯格非常兴奋，他对自己的伙伴说："明天将是决定 Facebook 到底是无足轻重还是比 Facebook 还要强大的日子。"他的忠实支持者莫斯科维茨也异常激动，他公开表示："明天你将会无比热爱这个新首页。"

谁也没料到，危机就这样悄无声息地来了。

2006 年 9 月 5 日，动态新闻正式上线，团队成员在忙着筹备晚宴。可当用户们做出反应时，扎克伯格觉察到，这将会是一场硬仗——Facebook即将迎来史上最为严重的风波。

原本一场盛大的庆功宴变得乌云密布，用户们对动态新闻的正面评价仅占1%的比例，这让所有人感到沮丧。

之后，西北大学一个大三的学生本·帕尔，发起了一个"学生反对 Facebook 动态新闻"的小组。他说："这个功能让人毛骨悚然，有偷窥的味道在里面，一定要把它关掉。"几天之后，各种形式的对动态新闻的反对小组已经达到了 500 个。美国媒体给予纷纷报道，"偷窥者"、"盯梢本"等恶名开始出现在报纸头版。动态新闻产品经理鲁奇成为最直接的众矢之的，被用户们称为"恶魔"。

扎克伯格的反应是迅速的，可惜的是，他的态度将危机又推向了一个新的高潮。在当天晚上，也就是准备举行庆功宴的晚上，扎克伯格写了一篇博文，他使用了这样的标题："深呼吸，冷静下来，我们听到了你们的呼声。"这种居高临下的态度贯穿在他整篇博文中，"我们并非没有注意到 Facebook 上的小组对这个功能的反应（顺便说一下，鲁奇不是恶魔）。我们同意，偷窥不是一件很酷的事。不过，能够得知你朋友的生活发生了什么事却很酷。人们过去每天在挖掘的就是这种信息，我们把它们经过重新组织和整理后发送给用户，让人们能够知道他们所关心的人的情况。而且对任何在之前就看不到你信息的人来说，他们也不会知道你的情况发生了改变"。

在群情激愤的时候，扎克伯格企图以理性劝说来挽回局面，这显然是大错特错。

第二天，Facebook 办公室外已经被抗议的大学生团团围住，而各家媒体也纷纷拥堵在大门口。由保安护送进来的员工开始感到不安，他们希望能尽快关闭这个功能，以平息事态。

　　而当天正在纽约的扎克伯格却不这么认为，他坚持己见，因为动态新闻是符合公开透明的原则的，与当初创办公司的宗旨是一脉相承的，他不想否定自我。

　　虽然扎克伯格的分析的确有道理，但是不采取积极的态度化解危机，风波就会愈演愈烈。扎克伯格断然不会同意关闭这项新功能，他做出的妥协是改进和补救——让用户对权限进行控制。扎克伯格待在纽约，但是他指挥公司的工程师迅速编写一个程序，增加了一个隐私设置功能，让用户来指定哪些信息可以在动态新闻中出现，哪些禁止在动态新闻中出现。

　　事情到了第 4 天，在隐私设置功能即将上线时，他再次写了一篇博文，态度来了一次大转变，俨然换了一个人。他说："我们真的把这件事情搞砸了，在解释新功能的作用方面我们做了一件非常糟糕的工作，而在给予隐私控制权方面，我们甚至做得更糟糕……我们并没有立即构建一个隐私控制功能，这是我们犯下的一个巨大错误，我为此向你们表示歉意。"而且当晚他还参与了一个就动态新闻展开的实时公开讨论。天亮之后，他还参加了现场问答会，对抗议者进行安抚。

　　新功能上线后，抗议活动开始归于平静，事实上，用户们已经适应并喜欢上了这个新功能。更加滑稽的是，本·帕尔组织的反动小组在几天后突破 70 万人，而这些人之所以能够迅速集结，正是因为用户通过动态新闻获知了这个小组的成立。"动态新闻的重点在于它能够呈现出你周遭发生的事情。它呈现的事情之一就是这些反对动态新闻小组的存在。我们要让这些小组在我们的系统里能够真正地成长起来。"也就是说，人们正在利用这个新功能来反对这个新功能。

　　数据显示，随着动态新闻的运用，Facebook 的用户流量反而直线攀升。

选择性退出是一种陷阱

动态新闻引发的危机居然还有后续事件，这距离当年的事件已经隔了有一年之久。

2007 年底，社区广告在 Facebook 上推出，这是新的网络营销模式，与这个模式相结合的一个功能叫做"灯塔"。其实这只是一个新增的功能，与广告投放没有任何利益关系存在。这个服务在本质上也是动态新闻的一项新内容：用户在网站上进行的任何消费活动，都会被 Facebook 的动态新闻程序收录，然后告知其朋友。

但是，此项服务功能最大的失误在于，这项服务并没有经过提前的用户测试就匆匆上线了。这又是一次先兵后礼的行动。

与动态新闻中的隐私设置控制不同的是，这次的设置要了个小聪明：当用户进行了一次消费活动后，网站会出现一个菜单，"你是否不同意发送这个信息"，如果你没有选择"不同意"，那么网站就会默认为同意。而这个菜单往往只显示几秒钟的时间，在很多用户并没有反应过来的情况下，菜单就消失了。用专业术语来说，这有别于一般的"选择性加入"，而是设定为"选择性退出"。这多少有陷阱的成分在其中。

很快，各种让用户恼火的意外事件发生。某男子网购了一枚戒指，准备作为惊喜送给妻子当圣诞礼物，谁知灯塔服务提前泄密，而且导致了妻子的误会。某位恋人被告知自己的男友在网络上订购了当晚的电影票，而他却对自己说晚上要准备论文。诸如此类，不明就里就地被泄露消费信息，用户们感觉受到了侵犯。甚至还有人认为，这是 Facebook 有意为之，必然与广告商有着利益关联。

与之前"动态新闻"风波发生时的迅速反应不同，"灯塔"事件发生数周之内，扎克伯格根本没有任何表示。而他没有想到的是，这一次的危机比上一次更加严重。

这次抗议小组的发起人，不是普通的个体用户，而是美国自由派政治团体——前进网。何况，这次事件与广告牵扯在一起，有口难辩，何况 Facebook 有着明显的失误。前进网动了真格，联合其他抗议小组，向联邦贸易委员会提交了抗议书，而且准备对 Facebook 进行起诉。新闻媒体也就此展开了激烈的抨击，甚至有 "Facebook 即将完蛋" 的犀利言论出现。

扎克伯格没有做出回应的理由也许是因为当时抗议的人数比例非常小，只占到了 0.1%。他的理性思维又一次占了上风。他在沉默的同时也在密切关注用户的数据，他想在不干涉的情况下，通过数据分析 "到底有多少用户因为灯塔而影响到使用体验"。尽管反对群体的比例不大，但是确实是存在的，有人因此而受到了无辜的伤害。扎克伯格身上会时不时冒出一股与用户较劲的冲动，他这种自负是个性的体现，但对于公司而言是难以估量的风险。

直到 20 天之后，Facebook 的补救措施才姗姗来迟，宣布将灯塔服务的菜单由 "选择性退出" 更改为 "选择性加入"，与之前动态新闻的隐私控制方式统一起来。

又过了一周，扎克伯格才发表了道歉博文，表达了对 "灯塔" 事件的反思，"我们在设计这个功能的时候犯下了太多错误，但是在处理这些错误的时候我们又犯下了更多错误"。

事后，扎克伯格也承认，"一件不妙的事情是，当时人们还没有做好分享他们在 Facebook 之外的信息的准备，而我太急于推出这样一个功能"。

在董事会成员的强烈要求下，当时的首席运营官范·纳塔被要求离职，为此事承担责任。但在扎克伯格的心里，这次决策的失误与范·纳塔并没有太大的关联。董事会认为，"范·纳塔是不可多得的生意天才，但他不是一位扎实、沉稳、能够三思而行的二把手，不是一位 23 岁、尚处于学习过程中的首席执行官所需要的副手"。此番言语虽然针对范·纳塔，更是对扎克伯格的一种责备和鞭策。

尽管当时的抗议群体并不代表大多数，但是数据同样也显示，在媒体对此事进行大肆宣传之后，用户的增速明显减慢，一位高管表示，"等到我们修复灯塔的时候，外界已经普遍认为人们不能在 Facebook 上控制他们信息的传播"。

沉默是最大的伤害，对于一个品牌而言，沉默应对是危机处理的大忌。

此后很长的一段时间里，Facebook 的团队都在为"灯塔"事件善后，最终这项服务在 2009 年终止。

隐私控制"拉锯战"

2009 年新年伊始，为了新一年度更好地开展工作，尤其是应对用户们的各种诉讼，Facebook 的法务部做了这样一项工作：将"服务条款"进行了一些细微的调整。

大部分普通用户对此从未在意，因此也没觉察出任何的异样。美国消费者联盟则非常谨慎，他们发现了关键性的一点，原条款中"用户将其个人内容从 Facebook 移除时，这个许可将失效"被删除了。这是非同小可的事情，消费者联盟特意撰文提醒用户："不要上传你觉得只是适合阶段性发布的消息，因为它们一旦发布，所有权就是 Facebook 的了。"

此语自然挑拨了 Facebook 与用户之间的关系，不仅是美国境内，世界各地的媒体对 Facebook 隐私保护的质疑又迎来一波高潮。吸取了前几次危机处理的教训，第二天下午扎克伯格便在官方博客上做出了解释，他说："Facebook 的用户拥有并且管理自己的信息，我们不会用你不希望的方式传播你的信息。"

对此，用户并未感受到 Facebook 的诚意，因此扎克伯格做出回应的第 2 天，一个抗议群组出现，并且迅速集结了大量用户，甚至计划向联邦贸易委员会提出诉讼。

24 小时之后，扎克伯格不得不做出调整，一系列挽救行动接连展开，他宣布暂停使用新的服务条款，沿用旧条款，并邀请用户参与制订新条款。之后，扎克伯格再次重申了 Facebook 在隐私保护上的基本原则：Facebook 上的每一个信息片段都受到约束规则的保护，你可以控制谁能看到它，只有特定的人群能看到特定的信息。

一套针对服务条款的权责声明也迅速出台。最终通过用户的投票，新的权责声明得到支持。扎克伯格的危机处理能力也因此得到欣赏，有法学教授专门以此为案例，称 "Facebook 公民" 已经开始在 Facebook 的国度里参与规则的制定。

的确，此番危机处理及时、坦诚、有序，堪称完美，几乎没有影响到 Facebook 的品牌美誉度。在这次争议和质疑中，扎克伯格总结了自己的经验，"历史告诉我们，当决策者和受决策影响者之间形成公开、透明的对话时，才能最公正地管理国家的制度。我们认为这个原则同样适用于经营公司，历史也终将证明这一点，我们期待着与你们共同走向这一趋势"。这样的言语从扎克伯格嘴里说出来，多少有些过于官方，但可以相信的是，他的沟通技巧与公共关系处理能力已经越来越娴熟。

不论是有意还是无心，在 Facebook 的发展过程中，它总是在以各种方式一再对隐私控制进行调整，促使用户更多地分享个人信息，在初期，这也许是扎克伯格的一个梦想的实践，然后越到后期，对用户与他人，尤其是与广告商分享数据，扎克伯格变得日益冒进。

在新服务条款实施半年之后，为了再次鼓励用户分享，Facebook 又一次对隐私控制功能进行了大幅修改，这次却惹恼了政府官员。加拿大隐私委员会对此提出强烈指责，"第三方合作伙伴在访问 Facebook 的用户数据时，对隐私的保护不够，存在一定问题"。之后，Facebook 不得不进一步修改隐私控制功能。

2010 年 4 月，在 F8 开发者大会上，Facebook 推出各项新的应用程序，将自身平台与互联网完全对接起来，新的应用程序"社交插件"以及"即时个性化"的功能能够让第三方合作网站共享 Facebook 的用户信息。当然，用户可以选择将自己的档案向互联网完全公开或者全部保密。

用户们对此感到不满甚至不安，Facebook 已经有心将用户档案向整个互联网公开，那么之前的隐私保护和控制还能坚持多久呢？还值得信任吗？

当时，Facebook 已经有专职的公共政策部门，其主管对用户的质疑给予了官方的回复。但用户们并未因此对自己的隐私感到高枕无忧。

一次次先兵后礼的拉锯战中，Facebook 总是先冒进一大步，当问题引发用户抗议时，又后退一小步，息事宁人。一次次试探用户的新底线，这就是 Facebook 在隐私控制权之争中的伎俩，尽管其用心昭然若揭，却又让人无可奈何，因为人们已经离不开 Facebook。

透明世界——路漫漫

我们需要乌托邦

"我正努力让这个世界更加开放",从 2004 年在哈佛宿舍敲打键盘的那个晚上开始,"一个开放透明的世界"就是扎克伯格奋斗的目标。

理想谁都有过,尤其是对一个血气方刚的青年。但是,当接近三十而立时,扎克伯格心中的"乌托邦"并未消失,反而是愈来愈清晰。

搜狐 IT 名博喻朝辉说:"Facebook 的成长就是一部'对外节制规模诱惑,对内强化用户体验,对左深入平台开放,对右坚持真实关系'的、鲜活的互联网应用产品的发展史。"在扎克伯格带领着 Facebook 朝心中的目标一步步迈进时,不难发现,这样一个过于理想化的企业愿景几乎难以得到真正的支持和理解。

用户范围的逐步开放,总是会遭到原有用户的抵制,他们满足于现有的圈子,并没有扎克伯格般的胸襟与视野;团队内部,每当一次次的风波和压力来临,平息事态和卸下压力往往是大多数人的第一选择,甚至在 2007 年之前,"战略性退出"和"卖掉公司"的火苗会时常在股东和高管们心中燃起;Facebook 的竞争对手,前期对隐私问题的规避与妥协,造成 Facebook 的孤军作战,而后期 Facebook 筚路蓝缕之时，跟在身后的他们一旦遭遇各种危机，总会把这个先锋牵扯其中；大环境里，政府部门以及各种组织怀疑 Facebook 对巨量信息的控制和保护能力，因而严加对隐私保护的审查、立法，几度让 Facebook 遭遇控诉，举步维艰。

当拒绝了雅虎的收购之后，时任雅虎 CEO 特里·塞梅尔无比诧异，他说："我从没见过任何人能对 10 亿美元视而不见，我真的难以相信。"但是扎克伯格如此回应："不是价格的问题，这是我的孩子，我希望自己把它养大，看它成长。"

为了更好地推进自己的公开和透明政策，在广告盈利方面，扎克伯格总是表现得那么谨慎、淡定和戒备，面对媒体"你是否担心公司陷入财务危机"的质问，他始终坚持"我的目标绝不是创办一家公司"，更不是"把 Facebook 变成一个赚大钱的公司"。

他对公开与开放的追求似乎从未真正停下脚步，他的同事说："大部分人都会为自己的事业设定奋斗积累期和里程碑，达到某个里程碑后，可以稍事休息和庆贺，从而获得一些满足感和征服感，但这一切对马克而言好像是不存在的。"

虽然这个"乌托邦"最终是可能实现的，但如何实现是扎克伯格最关注和最苦恼的问题，"这是未来 10 年～20 年里最重要的问题之一，如果世界朝着越来越多分享的方向前进，就一定要确保它以一种自下而上的方式发生，而不是集中的方式，人们自行把信息放在网上，并且自行控制他们的信息和整个系统的交互，而集中的方式会导致人们被一些监控系统监视，我认为这对未来世界很重要"。

扎克伯格心驰神往的"分享的理想国"到底是怎样一番情景呢？他曾经讲过这样一个故事：北美西北海岸一带，依然生活着一群土著民族印第安人，生活原始而简单。他们会举行一年一度的盛会——冬宴。在这个具有神圣感的庆典中，每个部落的司仪，会拿出所有的食物和物品，供其他任何人拿取和享用。提供的东西最多的司仪和他们的部落，将获得所有人至高的赞誉和尊重。

还有另外一个故事：天堂和地狱里，居住着同样多的人，摆着同样的粥，还有着同样的长柄勺子。地狱里的人们蜂拥而上，每人分抢了一把勺子，舀起粥就往自己嘴里送，无奈却怎么也够不着，碰撞中所有的粥都被泼洒一地。而天堂里却是另一番景象，人人分得一把勺，围成一个大大的圈，盛满粥的勺子都是送到另一个人的嘴边，相互小心翼翼地喂食，他们一个个面带微笑，心满意足。

天堂的情景与印第安人部落的情景何其相似，公开、分享、共赢的世界看起来无比美好。

和解能否一劳永逸

2011 年 8 月底，Facebook 主动对隐私控制功能进行调整，其中主要包括：可控制谁观看每个消息，当用户每次上传消息之后，一个下拉式菜单将出现在消息的右边，用户可选择让哪些好友观看该消息；在上传消息之后，用户可更改哪些好友有权查看更新内容；准许用户在每个消息上共享地理位置信息；淘汰现有的地理定位服务 Facebook Places，不过在新版移动应用中将采用功能类似的服务。

这样一次主动的积极调整，用意何在，引发各方猜测。官方发言人说："这次对用户隐私控制功能进行调整，是给予用户更多的控制权，来控制个人信息观看权限。"而且他强调这并非针对所谓的竞争对手，而是事关 Facebook 未来的成功。

之后不久，关于 Facebook 隐私保护的事件又一次登上报纸头条。

2008 年 11 月，关于 Facebook 的隐私诉讼案，美国联邦贸易委员会宣布以和解告终。委员会提出，今后 Facebook 对隐私设置做出改动时，必须先征求用户意见。因为 Facebook 曾因隐私设置对用户进行欺诈被起诉，美国联邦贸易委员会将对 Facebook 进行 20 年的独立审查。

对此，媒体分析认为，这是 Facebook 在为首次公开募股清扫障碍。此番和解之后，Facebook 融资之路将要轻松很多。

和解之后，扎克伯格通过博文对隐私问题进行了一次总结性的回顾，他写道："我首先要承认，我们犯了一大堆错误，而且是显而易见的错误，像是 4 年以前的'灯塔'，以及我们在个人隐私保护模式上所体现出的执行力的欠缺。事实表明，这些错误令我们取得的诸多成绩大打折扣。"

对于用户的担忧和质疑，他也表达出无比的宽容，"上千万的用户在一个网站上分享如此多的个人信息，很多人对其背后的安全保障产生怀疑，对此我完全理解。即使我们过去在个人隐私保护方面无可指摘，我认为还是有很多人会理直气壮地对他们的隐私怎样得到保护产生质疑，这对很多人来说意义重大"。

最后他还郑重地承诺："每一天，我都把自己看成是 Facebook 这个大社区的一个乘务员，一个服务人员，背负着公众的信任。"

但对于这次和解，许多评论员和专栏作家却表现得义愤填膺，"一切建立在谎言以及并没有考虑到用户基本的个人隐私问题基础之上"，"Facebook 是如此庞大和复杂，以至于用户想搞清楚自己的资料和内容是如何被利用的都不可能"。

在联邦贸易委员会为了杜绝 Facebook 可能再出现的隐私侵犯问题，实施了罚金制度，金额达到每天 1.6 万美元，但是对于 Facebook 此次的违反隐私保护的行为，委员会并未予以罚款。评论员们认为，"这一切令该案不了了之，无疑是向市场传递了一个错误信号"。

尽管和解已经达成，Facebook 在招股书中依然就隐私保护问题可能产生的影响进行了非常详尽的说明，"任何违反现行和未来制定的监管秩序或行业准则的行为都将令我们面临巨额现金罚款和其他的惩罚性措施，这将严重影响我们的盈利水平和运营业绩"。

在长期一段时间内，Facebook 还将面临各地政府给予的关于隐私保护的压力。欧盟关于隐私保护的规定对 Facebook 的发展有着一定的掣肘，而美国也正在制定专门的隐私法。

当 Facebook 征战新的领土时，当地的隐私法规是要突破的第一关。2010 年，当 Facebook 在韩国的人气日渐提升时，却遭到了韩国通信委员会的指责。在获取用户个人信息时向用户征求同意的方面，以及将用户信息处理后向第三方提供方面，都违反了韩国的隐私法律法规，需要改进和调整。

2012 年初，Facebook 首席运营官桑德伯格以欧盟委员会成员的身份，在慕尼黑出席数字生活设计大会，做专题报告来阐述《隐私法案》草案的制定情况。桑德伯格在大会上特别强调，"像 Facebook 这样的科技企业行之有效地促进了当前世界的发展，各国政府不应该因隐私问题而充当这些企业的'拦路虎'"。

上市之后，梦想依旧？

受到肖恩·帕克的影响，扎克伯格是一个对资本力量有着高度戒备的人，尤其他还有一个不切实际的梦想要去实现。

公司成立 8 年来，他深知上市无法避免，但他认为这不是他所要思考的课题。因此，近几年来，这家发展飞速的公司曾多次传出 IPO 消息，却都是以私募资金的形式告终而让投资人空欢喜一场。

终于，2012 年 2 月 2 日，Facebook 正式启动 IPO，计划融资 50 亿美元，公司整体市值预计在 750 亿 ~ 1000 亿美元。

消息一出，各方媒体在飞速地为扎克伯格和他的员工们算账：在 3000 多名员工中有 1/3 以上会在一夜之间成为百万富翁，当然这与创始人扎克伯格即将拥有的 280 亿美元的身家相比，简直是九牛一毛。

对于媒体和公众的兴奋，这个财富新贵表现得意兴阑珊，他甚至表示，在接下来的 IPO 路演中将很少会参与。这样的情形，对于满怀希望的投资者而言，简直无异于一场新郎缺席的婚礼，尽管婚礼还是会照例举行。

2012 年 5 月初，在万众瞩目之下，社交网站领域的领军者 Facebook 正式开始了美国互联网史上最大规模的 IPO 路演。也许是迫于各方压力，在首场路演中，扎克伯格终于露面了。可惜的是，这个最大的主角却依然像一个被半路押来的"新郎"，他那件深灰色的卫衣让所有投资人恨得牙痒痒，被斥之为"不尊重"、"傲慢"、"讽刺性的玩笑"、"与世隔绝的怪人"……

在公开信中，扎克伯格毫不避讳地向投资者们说："我们早晨醒来后的第一目标不是赚钱，但是我们知道，完成我们使命的最好方式是打造最强大和最有价值的公司。这也是我们启动 IPO 的原因，我们为了投资者和员工而上市。我们已经对他们承诺给予他们权益。"上市，对于一个有着强大控制欲的理想主义的创业者来扎克伯格说，的确有几分被迫无奈。

美国证监会的规定是他首先要面对的一个问题："一家公司股东人数超过 500 人，那么公司需要在 OTC 市场（场外交易市场）中进行股权登记，以方便股东进行股权交易和流通。"也就是说，对于现在的 Facebook 而言，即使不上市，也依然要披露财务状况，履行与上市公司一样的义务。当然，早期投资人的鼓动以及员工们套现等现实因素，也让扎克伯格别无选择。

就目前来看，上市之后，扎克伯格并没有被削权，依旧是帝国的王者，也许这也是他选择上市的底线：56.9% 的股权依旧由他持有，在技术和管理上，他依然有着至高的权力，同时还有权任命自己的接班人。人们也非常好奇，终于妥协于上市的扎克伯格有着怎样的心路历程。显然，在首场路演中，扎克伯格漫不经心的表现似乎已经说明了一切。

被问及他最尊重的企业时，扎克伯格依然有自己的原则，"在关注长远目标并接受短期较少的利润上，亚马逊是一个好的例子。亚马逊 CEO 贝佐斯坚持了几年，人们认为他疯了"。对于 Facebook 是否也能与这样的企业齐头并进，扎克伯格表示相信会有这么一天，"比起它们，我们年轻许多，从员工规模来看也小许多。在过去 5 至 6 年，我们集中精力建立能给用户带来持续价值的东西，我觉得我们做到了"。

对于上市，他有自己的解读，他说："最初我没想将它建成公司，只是想建成产品。后来招了更多的人，建立一个团队，我们开始认识到公司是一个更好的方式，可以让许多人参与一个使命，这正是我们想推进的使命。"

但这些貌似绝对的权力，真的能够让他安心吗？

扎克伯格可以对投资市场表现出怠慢，但上市后的挑战却必须由他亲自去应对。

对于很多人而言，上市是一个完美的终点和起点：成功套现了的员工能心满意足，辞职走人；元老们丧失斗志，"告老还乡"；高管们原始积累充足，自立门户。当然这些在扎克伯格心中依然不能构成难题。资本挟持下不断的利润增长点、手持重金后如何消化、公司管理将要面对无数的公众监督，这些才是扎克伯格这位 CEO 的新课题。

毕竟，上市之后陷入发展困境的公司比比皆是。就在扎克伯格创建 Facebook 的 2004 年，Google 迈向了纳斯达克，尽管在股票和市值上至今没有让人失望，但在产品的更新换代上已经呈现出疲软之势。

2012 年 5 月 18 日，美国纳斯达克市场正式迎来 Facebook，以 38

美元的单价募集 160 亿美元。此时，Facebook 的市值已经超过了 1000 亿美元。表现疲软的美股市场对此次 IPO 寄予厚望，希望它能如一股激流，带动整个市场。

然而，开盘当日的交易事故让这个美好的愿望落了空。Facebook 不仅因此遭受当日的损失，更重要的是也影响了投资者的信心。在主承销商的极力挽救下，Facebook 避免了首日跌破发行价的尴尬局面，但之后的连续暴跌，则足以让"脸谱"颜面尽失。

在经历过多次泡沫洗礼的纳斯达克，投资者们已经对泡沫股严加戒备，因此，在如此高度理性的投资环境中，上市之路对于 Facebook 而言，似乎是荆棘满地。

Facebook 能否再次化险为夷，不负乔布斯所谓的"硅谷接班人"的厚望？面对新的难以承受之重压，扎克伯格能否继续举重若轻，在新的征途上前行？我们唯有拭目以待。

也许一切的质疑和非议都是杞人忧天，真正的事实将会是：上市会让扎克伯格拥有充足的弹药、更强的斗志和信心，他将带着"帝国无疆域"的梦想，一如既往，勇往直前！

但不可否认的是，更大的舞台必然会蛰伏着更大的风险，也许 Facebook 和扎克伯格将来会有更惊心动魄的故事发生。

就 Facebook 自身特点而言，随着上市后公司的透明度增加，隐私保护问题将面临前所未有的挑战，这甚至关系到 Facebook 的商业模式。这把头顶的达摩克利斯之剑，随时都有落下来的可能。

掌控着 8 亿多名用户的隐私信息，Facebook 只有持续依靠这种"售卖"信息的方式获得不断的利润增长，而这种模式随时都可能受到政府的审查、监管甚至法律的限制或制裁，以及无休止的用户诉讼。同时，Facebook 作为一个庞大的"信息帝国"，在第三方开发者、技术人员、黑客等虎视眈眈的情况下，很难说扎克伯格有能力把这个帝国打造得固若金汤、无懈可击，因此用户信息泄露犹如一颗不定时炸弹一样，一直在扎克伯格的心中。

　　凡事都有两面性，也许某一天，当扎克伯格已经对信息的有效控制和保护失去力量，Facebook 的用户群体已经成为一个公正、公平的监督组织，或者还会有新的技术或者第三方机构作为外力，成为 Facebook 王国的"御林军"。

第5章 facebook

微软——越来越亲的朋友

冥冥之中，渊源已久

在2004年，盖茨在母校哈佛做了一场演讲，扎克伯格正为Facebook的事忙得不可开交，但他还是穿着连帽套头卫衣钻进教室。时至今日，他还依稀记得，"当时他确实鼓励我们所有人利用课余时间从事某个项目，这也是哈佛的政策……盖茨对我们说：'如果微软失败，我会重返哈佛。'"

受此鼓励，这年夏天，扎克伯格将自己的创业场所从哈佛宿舍搬到了西海岸的加州。此后，他的学生生涯结束，成为哈佛肄业生。

多年后成为风云人物的扎克伯格因为这段辍学的经历，被冠之以"盖茨第二"的称号。两人常被拿来对比，扎克伯格对此并不认同，他说："比尔·盖茨是个非常有天分的人。这个世界上有很多有天分的人，但不是每一个都能开公司，有些人成为博士，用他们的方式改变世界，而我是扎克伯格。如果外界非要给我戴上'盖茨第二'的帽子，那是你们的一厢情愿。我为什么要成为比尔·盖茨？微软靠 Windows 和 Office 发家，而承载我梦想的是互联网，更具体说是 Facebook。"

扎克伯格与微软的渊源，其实可以追溯到高中时期。高三的时候，他和同学亚当·德安杰罗一起设计了一个音乐播放插件，被微软公司相中，希望能够购买其版权，但扎克伯格拒绝了。在他高中毕业时，微软公司不愿轻易放过这个人才，决定高薪诚聘这个高中毕业生，却再次被扎克伯格拒绝。

2004 年夏天在加州的时候，在与帕克的交谈中，扎克伯格表达了要与盖茨见上一面的念头，却苦于没有机会。2005 年春天，结识了盖茨的朋友格雷厄姆之后，21 岁的扎克伯格终于与哈佛校友比尔·盖茨有了一次会面，他说，他想要将 Facebook 打造成像微软的 Windows 一样的平台——网络软件应用技术的开发平台，希望向盖茨取经。当时 Facebook 创立仅仅一年。

早在 1998 年的时候，曾有媒体问盖茨："你最害怕哪种挑战？"盖茨若有所思地回答："我害怕有人在车库里进行全新的发明。"在与扎克伯格见面后，盖茨——这位全球最大的电脑软件开发商的领袖人物，开始隐隐约约意识到，互联网世界将要发生翻天覆地的巨变。

此后，两人成为忘年交。后来在慈善事业上，扎克伯格也做出了像盖茨一样的选择，将自己的大部分财产捐给了盖茨的基金。盖茨说："我并没有对扎克伯格说将你的钱都交给我来管理。只是他愿意这样做，并就此征询我的意见。"

在扎克伯格的坚持下，平台的计划逐步实施，Facebook 开始卸下自主研发应用程序的重担，而是邀请第三方群策群力。现在，大多数美国青年的一天都是从 Facebook 开始。在这个平台上，他们可以浏览新闻、查阅信息、联系朋友、欣赏音乐、购物消费等。正是这一战略，也使得扎克伯格"盖茨第二"的称号更加名副其实。

2006 年，美国社交网络的老大还不是 Facebook，而是 MySpace。但社交网站已经是互联网世界里不可忽视的一支劲旅，没有一家企业能够忽视它们。当时 MySpace 的用户量近 1 亿名，正在进行广告代理招标。Google 和微软都有意向，在微软稍不注意的时候，Google 一举中标，获得为 MySpace 提供网络搜索和广告连接服务的权益，合作期限长达 3 年之久。

不甘示弱的微软决心为自己扳回一局，开始把希望寄托在第二大社交网站 Facebook 上。尽管这是退而求其次的方案，但微软还是表现出了与 Facebook 合作的诚意。在 2006 年，Facebook 与微软的 MSN 在线部门合作，出售其广告空间，微软利用自己的广告销售网络来代理 Facebook 的横幅广告。

与微软的这次合作是 Facebook 盈利史上的开辟性事件，自此 Facebook 获得了一个宽厚、稳定的收入渠道，在 2006 年当年开始大幅度盈利。

微软对 Facebook 向软件平台转变的战略给予了真心的支持。在 2007 年首届"F8 开发者大会"上，微软率先成为 Facebook 的合作企业。在大会当天，微软展示了两个能把现有的互联网应用成功与 Facebook 整合的应用程序。微软的参与是最好的广告，吸引了众多应用程序服务商的踊跃参与。

Facebook 与微软从此结缘，之后他们之间还有很多精彩的互动，就像冥冥之中注定的一样，两者的关系越来越亲密无间，甚至让 Google、苹果等巨头感到羡慕。

一场斗智斗勇的合作

在商战中，最好的戏码莫过于棋逢对手，那些紧张、惊心、刺激的情节无不让观众拍手叫好。

2007 年，随着在全球范围的庞大用户群建立，Facebook 大有追赶 MySpace 之势。10 月，Facebook 的国际广告业务变得炙手可热。

Google 与微软再次成为竞争对手。当时 Facebook 的首席运营官范·纳塔是一个谈判高手，见此良机，他开始用心营造一个鹬蚌相争的局面。

在与微软之争中连连告捷的 Google 显得霸气十足。因为微软在之前已经与 Facebook 有了境内广告业务的合作，形成先入优势；而且，即使 Google 拿下了国际广告的业务，Facebook 还面临与微软解约境内业务的麻烦。因此，Google 向 Facebook 表达明确意向：与其单纯地购买国际广告业务，不如小股入资，建立更亲密的关系，而且表示对当时 Facebook 的市值估算达到了 150 亿美元。

心中大喜的范·纳塔等人却不动声色，不置可否。对此，财大气粗的 Google 似乎会错了意，进而提出整体收购 Facebook 的建议。这显然触怒了扎克伯格，因而被非常干脆地拒绝，但 Google 并没有放弃小股入资的计划。

眼见着 Facebook 与 Google 谈判，微软感到颇有压力，而这正是范·纳塔想要的效果。

在一次与微软的碰头会上，范·纳塔提出要求修改美国境内的广告协议，因为不久之后微软将要推出自己独立的广告形式。当然，这也是在给微软施压：如果微软想要进一步合作，谈全球广告业务，就不得不同意修改境内广告协议；如果微软不能做出让步，那么就无异于宣告在与 Google 的竞争不战而败，拱手将国际广告让人。

微软首席执行官鲍尔默显然也不是省油的灯，对他来说，不管有没有 Google 的存在，国际广告都势在必得，因为目前微软与 Facebook 境内广告的合作是亏损的，需要国际广告来平衡收支。但深思熟虑之后，鲍尔默决定与 Google 针锋相对，他表示对重启境内协议不感兴趣，真正的兴趣在于购买 Facebook。

既然鲍尔默下定了与 Google 一决高下的决心，范·纳塔决定"得寸进尺"，他顺道提出了微软旗下 Hotmail 与 Facebook 之间的不愉快：当时，Facebook 要扩大用户，主要依赖开放注册时启动用户邮件联系地址导入功能。也就是说，一个新用户输入他们的邮件用户名和密码后，Facebook 就会向他们联系地址列表中的所有人发送加入 Facebook 的邀请。免费国际邮件服务 Hotmail 是 Facebook 新用户的主要来源。但是当时，对于 Facebook 的这项行为，Hotmail 进行干预，系统往往将来自 Facebook 的邀请信归为垃圾邮件。在 Hotmail 不友好的阻击下，Facebook 的用户增长放缓，下跌比例几近 70%。这让 Facebook 非常恼火。

面对 Google 的强大竞争压力，微软极力希望 Facebook 能站在自己的阵营当中，在此情况下，鲍尔默显然不想因小失大，很爽快地答应 Hotmail 将不再对 Facebook 邮件进行干预。在这一环节中，范·纳塔使了一招趁火打劫，不折损一兵一将，未做出任何让步，却达成了心愿。

微软与 Facebook 深入合作的谈判也开始进行。但是面对范·纳塔提出的种种限制和要求，鲍尔默的谈判团队有些不服气，因而开始出现僵持。这时，一直没有露面的扎克伯格放出狠话：要么合作，要么一拍两散，不能再拖延时间，要速战速决。

第二天一早，微软强大的谈判团队火速赶到加州。范·纳塔透露：此刻在另一个地点，Google 的谈判也在同时进行。这又一次的施压，使得谈判的优势再次倾向于 Facebook。

2007 年 10 月 25 日，微软正式对外公布：以 2.4 亿美元收购 Facebook 1.6% 的股权，并为 Facebook 销售全球广告业务。

这次交易中，微软对 Facebook 的估价与谷歌当时的报价 150 亿美元基本相等。外界对这个骇人的数据则惊呼连连，"让人回忆起 2000 年终结的互联网泡沫"，"彻底荒谬的估值扭转了实力的天平"。当旁观者并没有意识到 Facebook 即将掀起的浪潮时，微软已经明察秋毫。鲍尔默对这次合作非常满意，他说："这项收购不是一个错误的决定。Facebook 的真正价值目前还无法准确估计，但是目前的现状是 Facebook 非常受欢迎。对于微软这样一家希望加入社交网站市场的公司而言，收购 Facebook 的部分股权非常重要。至于 Facebook 未来的市值会是 50 亿美元、150 亿美元还是 500 亿美元，这主要是取决于 Facebook 的领导团队以及后续的经营战略。"

与 Facebook 的联手，终于让微软对 Google 还以有力的一击。

深度联手，持续共赢

Facebook 与微软的合作，可谓是天作之合。因为，在微软的带动下，香港李嘉诚以及德国风投公司纷纷向 Facebook 注资，促成了 2007 年底微软总值高达 3.75 亿美元的第四轮融资。

更关键的是，两个月后 2008 年来临，经济危机波涛汹涌，美国互联网公司纷纷遭到洗礼。而此时的 Facebook 已经高枕无忧，在竞争对手们为资金链断裂忧心的时候，Facebook 则忙着夯实用户群体，增强自身实力。

微软与 Facebook 结成了长期合作伙伴，在彼此与 Google 的竞争中，双方都便显得同心协力，不遗余力。

2010 年 8 月，微软 Windows Live Essentials 2011 版本推出，其中还包括了 Facebook 连接器。这也意味着，微软产品开始实现与 Facebook 的全面对接，互通有无。这一强强联手，对双方的产品价值都是极大的提升。而一直与 MySpace 合作紧密的 Google，却没有料到在 2008 年之后，MySpace 走向颓势，逐渐被 Facebook 甩在身后。一荣俱荣、一损俱损，Google 在广告和搜索业务方面也因此受到影响。凭借 Facebook 的崛起，微软反而出乎意料地扳回一局。

微软全球搜索品牌 Bing 在 2009 年 5 月正式发布，多年来 Google 稳占搜索市场霸主地位，此时的微软也企图来分一杯羹。2011 年 5

月，随着双方合作的深入，微软宣布，Bing 的搜索结果将会把 Facebook 所掌握的用户信息纳入其中，从而使搜索结果得到进一步的优化。此后，当用户使用 Bing 时，与用户对应的 Facebook 网络社区中，好友的"推荐"也会显示在搜索结果当中。

当用户成为 Facebook 的忠实用户，关注的新闻、喜欢的影视剧，甚至衣食住行的方方面面都被 Facebook 记录下来时，用户也越来越依赖于通过 Facebook 查找信息、寻求答案。拥有这种习惯的用户对于 Bing 这个新兴的搜索引擎而言，是非常重要的潜在受众群体。拥有 8 亿用户的 Facebook 平台，已经成为互联网信息的最大宝藏，Bing 能够有效地利用 Facebook 的数据库是独一无二的优势，Google 只能一声叹息。

当然，双方的合作必然是互惠互利的。通过整合微软 Bing Translator 翻译功能，Facebook 也实现了对所有页面文字内容的即时翻译。这对 Facebook 更好地走向全球以及全球用户之间的相互交流都大有好处。

为实现电信与互联网的融合，2011 年 5 月，微软公司高价收购 Skype。网络电话服务商 Skype 公司用户量超过 5 亿，在电信和网络方面的技术实力雄厚，这一收购将为微软公司的企业软件、移动服务以及社交网络等业务都带来利好。

在此之前，曾有消息说，Facebook 也有意收购 Skype，却不了了之。最终，这一"香饽饽"被自己的亲密战友揽入囊中，总好过落入竞争对手 Google 之手。因此，Facebook 对此次收购表达了支持的态度。媒体对此事的总结是"微软得胜，脸谱沾光，Google 失利"，三者之间的关系不言而喻。

在 Facebook 平台上，一直以来最受欢迎的应用程序都是游戏，其中有代表性的是 Zynga 公司开发的 FarmVille 和 CityVille。随着应用程序的蓬勃发展，一些无聊的应用程序开始野蛮生长、人气飙升。

对于这种现象，作为管理者，Facebook 必须加强管理和引导。扎克伯格本人非常推崇有趣而又有使用价值的应用程序，他最钟爱的程序叫"理想"，一个帮助非营利组织募集资金的程序。因此在第二届 F8 开发者大会上，Facebook 开始对程序进行评分，提倡优质程序，遏制和淘汰垃圾程序。

2011 年 3 月，MSN 再次成为跃居每日活跃用户第二的应用程序，在 Facebook 的用户中有 2200 万人使用 MSN 进行即时在信交流。在 2011 年初，通过 MSN 与 Hotmail 进入 Facebook 聊天的功能纷纷向全球用户开放。自开放以来，通过 MSN 使用 Facebook 聊天的时长增长了 25%，每月总计聊天时长已经达到了 40 亿分钟。

利用 MSN 在 Facebook 上进行更新和分享的功能，从 2010 年 6 月份推出之后也表现出了稳定增长的势态。在微软与 Facebook 多方位的合作中，目前最成功的依然当属 MSN 和 Hotmail。

丘吉尔所谓的"没有永恒的朋友，只有永恒的利益"，把事实的残酷描述得令人难以接受。也许，换一种说法会更婉转：永恒的朋友可以存在，但必须有永恒的利益为基础。

Facebook 之所以能够与微软越走越近，站在扎克伯格的角度，有着深层的原因：IBM 和微软让 PC 业崛起，而谷歌、雅虎以及 Facebook 掀起的却是另一股浪潮——互联网的爆发。一个大的企业很难赶上先后两次截然不同的浪潮，微软也是如此。在 IT 世界中，如果说 Facebook 是青年，谷歌正处壮年的话，那微软已经步入了知天命的年龄。如果选择攀附谷歌的高枝，Facebook 会被压抑得难有出头之日，因此，扎克伯格才会如此坦诚地说："因为处于劣势，微软才有动力进行大胆的创新，所以我们才选择微软作为合作伙伴。"

对阵 Google——恩怨情仇何时休

搜索模式受冲击

2004 年，Facebook 诞生，Google 上市。2012 年，Facebook 紧锣密鼓 IPO，Google 压力重重。自从 2007 年收购 Facebook 失败之后，Google 对于 Facebook 就是爱恨交加，欲说还休。

Google 发展 10 多年来，盈利方式几乎有且只有一个——搜索广告。纵观互联网广告模式的发展历程，搜索广告是一次伟大的创新，因此也奠定了 Google 作为互联网广告第一大户的地位。

一直以来，对于这样一个地位，Google 充满自信，直到 Facebook 的崛起。从 2008 年开始，Facebook 的广告模式就让所有广告商耳目一新，商用互动、好友推荐为其广告确保了极高的点击率和精准度。"金杯银杯不如口碑"，网络口碑营销效果也如现实生活中一样神奇。

据数据统计，美国在线广告的市场规模约为 310 亿美元，其中 Google 所占到的份额达 41%，雄踞搜索广告市场榜首。但 Google 的广告收入增长已经在逐步放慢，预计 2012 年 Google 的广告收入增长仅为 34%，而 Facebook 的广告收入增长则预计达到 81%。也就是说，在在线广告市场中，Google 已是强弩之末，而 Facebook 则势如破竹。

如此庞大的蛋糕，不论是 Google 还是 Facebook，都是收入颇丰，但是前者在纳斯达克登陆已久，后者即将实现上市，持续的盈利增长是他们不得不面对的课题。美国投资银行分析师乔丹·罗翰的话代表了所有投资者的观点，"如果 Google 与 Facebook 不直接交锋、抢占对方的市场份额，它们根本不可能达到投资者的期望，在在线广告市场实现数十亿美元的增长幅度"。此言意味着，在在线广告市场，Google 与 Facebook 不可能相安无事，一场厮杀难以避免。

在 1998 年，Google 诞生之时，其搜索引擎凭借对数据的搜集、整理、分析能力，一举打破了互联网门户网站老大雅虎的广告优势。搜索引擎的数据分析能力曾经让 Google 信心十足，其技术人员表示，面对每天超过 100 种语言的数十亿次的搜索行为，Google 的搜索算法使得广告有了更强的技术依据和保障。

但是随着广告商要求的日益细化和苛刻。Google 的搜索算法也暴露出了致命的缺点：Google 能够分析的是搜索行为和信息，而对行为背后的操作者却一无所知。Wetpaint 创始人本·埃洛维茨一语中的："就像意志坚定的考古学家，Google 仔细抓取互联网的每一个角落，希望找到有用的信息，但它找到的只是陈旧的页面和链接，忽略了人的因素。"反馈到广告效果层面，当用户已经产生购买决策时，Google 的广告才能影响其对产品种类或品牌的选择，而并不能引导或刺激用户产生新的消费冲动。

从 Google 跳槽至 Facebook 的桑德伯格在为后者探索广告模式时，就紧紧抓住 Google 这一缺陷，为 Facebook 找到了相应的广告市场的"蓝海"。根据人际口碑和关系传播的理论，互动式社区广告形式和好友推荐模式，的确能诱发用户的消费需求和欲望。一个是依靠计算机统计出的客观数据，一个是好友或私人关系定义的信息汇集，后者显然更有鼓动性。

也有人分析，Facebook 冲击的显然不仅仅是 Google 的广告模式，更可怕的是开创了一种"拒绝搜索引擎"的生活方式，挑战的是搜索引擎在互联网世界里的霸主地位。因为在 Facebook 的页面，登录访问通行证时，搜索引擎并无用武之地，这被专业人士称之为"社会化网络"，这是一种全新的互联网模式。

就如国内出版人刘湘明所说："Google 眼里的互联网是由服务器和搜索算法组成的，是冷冰但准确的工具；而 Facebook 眼里的互联网是由人和关系构成的，是人和人组成的复杂而模糊的社区。从长期来看，Facebook 会更深刻地影响我们的未来。"一个关注的是人与人的社会关系，一个看到的只是信息及其流动。人是一切的主宰，Facebook 是从源头上抄了 Google 的后路。

创新型的技术被《创新者的窘境》一书的作者克莱顿·克里斯坦森分为延续性技术和破坏性技术两种。所谓"延续"就是让强者恒强，让王者称霸，而"破坏性技术给市场带来与以往截然不同的价值主张"。一般来说，破坏性技术产品的性能要低于主流市场的成熟产品，但他们拥有一些边缘消费者（通常也是新消费者）所看重的其他特性。比尔·盖茨所担心的"车库里进行的全新发明"，就是这种破坏性的技术。

只是，让盖茨稍稍安心的是，这个在哈佛宿舍诞生的破坏性技术所直指的并非微软，而是 Google。

目前正在 IPO 的 Facebook 估值已经达到 500 亿~800 亿美元。Facebook 自己无意与 Google 进行比较，但华尔街的投资人表示这个市值估算就是相对 Google 而进行的，"Facebook 创立了一个完整的生态系统，可以说 Google 每一类高收益产品几乎都会在 Facebook 上重现"。

如果现在就断言搜索引擎即将迎来末日，显然为时过早，只是有了社交网站模式之后，搜索不再那么重要。毕竟 Facebook 的广告模式本身还存在着各种问题，比如隐私保护问题。从竞争基数上来说，在美国市场中 Facebook 每个用户带来的广告收入还不到 Google 的 1/5，而 Google 也不可能坐以待毙，正以实际行动进行反击。

但是 Facebook 的发展历程也告诉人们，后来居上并不是神话。

人才大失血

人才的流动，在互联网公司是最普通不过的事情。适度的人才流动对于一个企业而言，也是正常的新陈代谢。当这种流动频繁地出现在两家在各个层面都有着竞争的公司中时，才会引起公众的高度关注。

Google 与 Facebook 的人才战在 2007 年打响。

在 Facebook 平台化之后，第三方应用程序雨后春笋般涌现，其中自然也鱼龙混杂。为了规范和维护平台秩序，Facebook 从谷歌挖了一名干将凌建彬，专门负责平台的架构和管理，当时他是 Facebook 从 Google 挖到的最高级别的雇员之一，之前在 Google 负责在线支付平台。这是一位风度翩翩的华裔美国人，当时 Facebook 的管理层都亲切地称他为"摇滚明星"，对此，他本人也非常受用。

之后最轰动的挖脚事件便是桑德伯格离开 Google，投奔 Facebook。人才决胜一切，桑德伯格证明了这一点。她凭借自身在 Google 积累的销售和广告经验，在知己知彼的情况下，很快为 Facebook 的广告业务找到了突破口。桑德伯格带动了谷歌人才的离职潮。

据统计，目前 Facebook 的 11 名高层员工中，有 4 人来自 Google，其中桑德伯格的得力助手、主管广告的戴维·费希尔就是其中之一。

2011 年初，Google 公司资深高管、曾先后担任 Google 巴西公司总经理和拉美地区副总裁的亚历山大·霍哈根，被 Facebook 任命为拉美地区销售副总裁，主导 Facebook 在拉美地区的广告团队。在广告销售和营销方面，"Google 栽树，Facebook 乘凉"的事情屡屡发生。

即使是在与 Facebook 针锋相对的 Google＋团队中，在 2011 年年底也有一位重要组成成员保罗·亚当跳槽去了 Facebook。从高管到实习生，甚至是公司首席大厨，历年来有数百人离开 Google 公司去了 Facebook。数据统计称，有 10％ 的 Facebook 员工都有在 Google 工作的经历，这样的比例不得不让 Google 恼羞成怒，尴尬不已。

成立 14 年、上市 8 年的 Google，已经步入一个稳定发展的时期，官僚主义严重，走进"抗衰退"阶段，在生性喜欢挑战的 IT 人眼中，这是一个无法再产生太多惊喜的企业。曾在微软任职多年的李开复曾经表示："我不想特别去批评微软，因为我们看到任何一个大公司都有同样的官僚（问题）。微软不见得比任何一个公司更官僚，但是我觉得公司大了，就不可避免这种官僚的制度。"之后他从微软来到 Google，在他离开 Google 的时候，也许同样有着这般的未吐之心声。

2010 年与 2011 年，是 Google 人才"失血"最严重的年份。Facebook 作为后起之秀，风华正茂，更重要的是，2010 年前后，Facebook 正处于上市前的冲刺阶段，大有施展才华的空间和机会，因而成为 IT 人心目中最热门的雇主之一。而且，一旦 Facebook 成功上市，将会有一大部分员工一跃而成为百万富翁，于是令 Facebook 更加充满了诱惑力。

尽管百般无奈，但 Google 总有应对之策。2011 年，Google 抛出重拳反击方案：向核心管理人员和工程师们承诺，将对 Google 的忠心不二的追随者推出激励机制，人均现金和股票奖励可达 1000 万美元。

跳槽者说："这种情况就造成了一种'非 Google 式'的环境。人们开始'良禽择木而栖'。"一些"别有用心"的 Google 管理人员往往会前往 Facebook 应聘成功后，拿着聘书回到 Google 要求给予奖励和提薪。一位供职于 Facebook 的前 Google 员工在自己的文字中透露："经确认，我们公司为一名前 Google 员工提供了一份他无法拒绝的合约。作为中级开发人员，他的收入会在原有 15 万美元薪水的基础上上涨 15% 并获得 4 倍股票收益，还有 50 万美元作为在 Facebook 待满一年的现金奖金。"

此般情景，让 Google 人力资源部感到哭笑不得。

2012 年初，Google 再次调整政策，所有员工全面提薪：底薪提高 10%，大部分绩效奖金也纳入底薪当中，最终员工薪酬可普遍实现 15% ~ 20% 的提升。

作为全球最大的搜索引擎公司，Google 不可能被人才所困住，依然有各类人才前赴后继加入 Google。2012 年初，谷歌计划新增雇员 6200 名，而这基本上相当于 Facebook 公司的总职员数。

今日 Facebook 的辉煌，在 8 年前，Google 也曾经经历。长江后浪推前浪，他的当下是你的曾经，而你的当下也许就是他不远的将来。

上市后的 Facebook 也会不可避免地面临人才问题。一方面，资深员工股权套现后，缺乏更多的动力，会出现创业潮和离职潮；另一方面，当公司不断发展，新进员工无法得到股权激励，Facebook 又将凭借什么与其他对手抗衡，不断吸引更多的人才加入？

"Facebook 杀手"？

自从 MySpace 没落之后，Facebook 在全球社交网站的头把交椅上坐得舒舒服服。

Google 是一个不安分的对手，在 2007 年收购 Facebook 计划落空之后，对于自己在社交网络中的缺席感到忐忑不安。同时，作为一个后劲不足的上市公司，寻找新的投资机会和利润增长点必不可少。在谋求新生的思索中，Google 的工程师们意识到："我们仍处于将人际关系与信息结合的初级阶段。这是一个巨大的机遇，如果我们不去做的话，就会有其他人占领本应属于我们的位置。"

在 2008 年经历了经济危机寒潮、2010 年痛失中国市场之后，不甘心的 Google 把目光正式投向社交网站。

2010 年夏天，Google 正在研发"Facebook 杀手"的消息传得沸沸扬扬。的确，当时的 Google 在内部提出了一个"翡翠海"的计划，核心目的就是杀向 Facebook。这个计划由谷歌工程副总裁维克·冈多特拉与社交网络副总裁布拉德利·霍洛维茨共同统领。维克·冈多特拉在动员会上非常感性地煽动员工们的情绪："感谢上帝，Google 这些年有了一些积累。数以亿计的用户喜欢我们，他们热爱 YouTube，喜欢 Gmail，喜欢搜索。如果我们跨越这些产品的分界线，把它们重新连接起来的话，会发生什么？这些事显而易见，然而 Google 却一直没有去做，于是我和布拉德利有了这个奇特的机会，来帮助公司解决这些问题。"

Facebook 不敢掉以轻心，扎克伯格提出，公司进入全员备战状态：所有工程师集体加班 60 天，对网站的关键性功能进行全面优化。针对这一紧急情况，Facebook 的后勤部门也提供了非常周到、细致的配合与服务：公司餐厅在晚上和周末照常提供食物，员工的孩子可以来公司就餐和玩耍。

在一个以年轻人为主的部队，在行军途中看到敌人手持刀枪迎面而来，整个团队的士气顿时大振，焕发出同仇敌忾、严阵以待的状态。Facebook 的一位员工说："Google 可能会在社交项目上投入巨额资金和海量人力，所以，Facebook 的所有人都感觉情况非常严重，我们应该严肃对待。"此番备战之后，Facebook 的页面得到优化，用户体验得以提升。

第二年的仲夏 6 月，所谓的"Facebook 杀手"——Google + 正式推出。对于 Facebook 而言，这是自 MySpace 之后的一次最为严重的威胁和挑战。很快，扎克伯格被媒体追问对于 Google + 的出现作何感想，他颇有深意的回应："Google + 只是进一步验证了未来 5 年网络的发展趋势。"其潜台词无非是说，Google + 是对 Facebook 的一种复制和抄袭而已。

2011 年上半年，Google 的 CEO 拉里·佩奇透露 Google + 的用户已经达到 4000 万人。但这似乎是用户们的一时好奇引发的热潮，新鲜劲过后，Google + 又开始遭到质疑。2011 年 6 月，美国多家媒体发表报道，《Google + 的悼词》、《Google + 已死》之类的文章，让这家新生社交网站承受了巨大的压力。

毕竟是站在他人的肩膀之上，Google + 一诞生就表现出了不错的素质，用户体验也反应良好。有不少业界人士对 Google + 表示看好，甚至感叹 Google 进军社交网络太晚。而相关数据预测，在 2012 年底，Google + 的注册人数可能达到 4 亿人。这个数值对 Facebook 而言，无疑也是一种巨大的压力。

2012 年在招股说明书里，Facebook 明确表示，"我们正面临着与包括 Google + 在内的 Google 旗下诸多社交网络服务展开的全方位的竞争"。

Google 大张旗鼓进军社交媒体的目的不外乎两个，一是直接瓜分 Facebook 所占领的市场和受众群，二是通过 Google + 来丰富和完善 Google 搜索的数据信息。如果 Google + 真能获得迅速的发展，将有利于扭转与 Facebook 竞争中处于下风的局面。

如果两者真的进行一对一的短兵相接，这必将是一场你死我活的"零和博弈"，并不能开发出新的市场潜力和空间，对于整个互联网行业的发展而言，并无太多意义。而且，不论哪一方获得胜利，都需要投入不菲的资金。

当然，如果在激烈的对决中，能激发其中某一方在战略思路上获得创新性的突破，从而实现错位竞争，那么又将带来网络世界的一场令人惊喜的变革，受益最大的将会是用户。

为了表明自己的创新性，Google + 抓住的是 Facebook 的软肋——隐私管理，Google 声称自己将提供更为完善和可靠的隐私保护功能。但目前为止，Google + 在这方面并没有特别突出的表现。有用户表达了自己对新的社交网站的期望："在 Facebook 上，我分享的东西过多；在 Twitter 上，我分享的东西却太少；如果 Google + 能够做得恰到好处，那我们就可以在社交交互上掀起一场革命。"

Facebook 与 Google + 的竞争似乎无处不在，甚至在这样的细节中：自面世以来，Google + 中最受欢迎的个人居然一直是扎克伯格（为了更好地了解对手，扎克伯格第一时间内就在 Google + 上进行了注册），拥有了近 60 万名粉丝。竞争对手居然登上自己网站的榜首，这让 Google 人都感到如鲠在喉。

直到 2011 年 10 月底，Google 首席执行官佩奇取代扎克伯格，一跃成为 Google + 上拥有粉丝最多的个人用户。至此，Google 人似乎方能长舒一口气。

Facebook 式兵法

对决 MySpace：反其道而行之

同行者之间的竞争，占据先机是硬道理。

MySpace 比 Facebook 早一年面世，凭借比 Facebook 先积累的 100 多万用户的优势，将社交网站的霸主地位一直占据到 2008 年上半年。在 2008 年 8 月，美国市场调研机构根据最新统计数据曝出重磅消息——社交网站王者之位易主！当时的数据显示，Facebook 凭借 1.32 亿人的用户量，成功超越了 Myspace 1.18 亿人的用户量。

在与 MySpace 的竞争中，Facebook 采取的是"反其道行之"的逆向竞争战略。

软件平台的创建是与 MySpace 竞争的第一回合，这是战略定位的竞争。

2007 年，MySpace 依仗着自身的老大地位，做出了一个惹来骂声一片的举动：彻底关闭了一个应用程序，因为怀疑其在 MySpace 上兜售广告，有抢"东家"资源之嫌。同时裁定 MySpace 平台上有 1/3 的应用程序停止运行。

之后不久，Facebook 的软件平台计划正式实施，开发者大会隆重召开，扎克伯格说："我们希望搭建一个不倾向于我们自己的应用程序的生态系统。"这其中的具体政策让第三方企业感受到 Facebook

的无私与友好：Facebook 自身不断停止应用程序的开发，而且 Facebook 开放平台不收取任何费用，反而鼓励开发者在这个平台上为自身谋利。

对于两者之间的差异，扎克伯格如此解释："我们不过有着另一种哲学观和世界观而已。我们是一家软件技术公司，而 MySpace 是一家媒体公司，他们认为他们的工作是掌握和传播内容。"

扎克伯格一心把 Facebook 打造成一个帝国，但他并没有行霸主之道。得道多助，失道寡助。舍弃眼前利益的 Facebook，把自身平台培育成了枝繁叶茂、郁郁葱葱的"梧桐树"，很快就能引得"凤凰"翩翩而来。当 Facebook 大度地打开自己的大门之时，也为自己迎来了一个宽广的美丽新世界。内容丰富有趣的平台，能吸引大量用户；而受用户欢迎的平台，自然是广告商的天堂。

扎克伯格对 Facebook 控制权的执著，是战胜 MySpace 的第二大法宝。

2005 年，成立仅仅两年的 MySpace 就迫不及待地投入到默多克旗下新闻集团的怀抱，换来的是 5.8 亿美元的市值。

寄身在一个庞大的传媒集团篱下，失去自主权的 MySpace 日子并不好过。一位 MySpace 的前高管曾经直言不讳："新闻集团一直把 MySpace 当成摇钱树，而非一个真正的有发展潜力的公司。"MySpace 创始人克利斯·德沃尔夫也曾无奈地表示："我们关注的是利润，而 Facebook 重视的是用户数量和用户体验。"

当 MySpace 丧失社交网络第一的位置后开始萎靡不振，曾多次调整战略尝试"自救"却无力回天。

2009 年 MySpace 的广告收入开始下跌，到 2011 年，已经跌落到了 2 亿美元之内。广告收入成为 MySpace 的最大压力。而在 2009 年，新闻集团首席运营官凯里回归之后，MySpace 就成为其重点整顿的对象。在调整无效的情况下，新闻集团对这样一个曾经寄予厚望最终却大失所望的公司不再那么重视，最终选择了出售。

2011 年 6 月，新闻集团将 MySpace 卖给了数字媒体公司 Specific Media，获得 3500 万美元，仅保留了少数股权。

与 MySpace 截然相反的是，无论在什么情况下，扎克伯格都要求自己是 Facebook 这艘航船的船长，拥有绝对控制权。尤其是在公司发展方向与产品市场定位方面，他一直亲力亲为。即使是上市，扎克伯格对此也没有做出妥协和让步。

对于一个成长型的企业，往往都会面临两种选择：攀附高枝或联手弱者。MySpace 选择的是前者，Facebook 则选择了后者。

2006 年，MySpace 与 Google 达成 3 年总值 9 亿美元的合作：Google 为 MySpace 提供搜索引擎服务，Google 成为 MySpace 广告代理商，MySpace 需要保证广告点击率连续 3 年的大幅增长。

背负着一个强势而霸道的合作方施加的压力，MySpace 的业务重心开始转移到广告上来，而忽视了根本——产品功能。本末倒置，换来的是混乱。

在此期间，MySpace 的高管频频流动，产品策略的持续性无法得到保证。产品的失色导致体验越来越差，用户开始转而投向 Facebook。

作为哈佛心理学专业的高材生，扎克伯格对用户心理有着非常准确的分析和引导。在此方面，MySpace 又逊一筹。

MySpace 所倡导的网络社交的建立模式是：以共同兴趣为出发点，从而形成人际交往。Facebook 则试图以现实人际关系以基础，提倡与熟人和朋友之间的沟通，是现实生活的辅助和延伸。作家罗伯特·斯考伯曾这样剖析二者的区别："MySpace 和 Facebook 是两种不同风格的网站。打个比方，MySpace 是好莱坞式的，Facebook 则是硅谷式的。"一个能够与生活紧密联系的社交网站显然更贴合用户的内心需求。

在开拓国际用户方面，双方的策略也大有不同。Facebook 是基于母语网站本身，面向各种语种的用户提供翻译工具，并不另开门户。而 MySpace 则选择了在世界各地开设办事处和销售处，这不但增加了成本，也影响了新市场的用户发展速度。

在与 MySpace 的决战中，Facebook 获得全胜。一言以蔽之，Facebook 的战术在于：对于用户，Facebook 揣摩其心理，顺其意而行之；对于对手，Facebook 逆向思维，反其道而行之。

收购公司：目标直指人才

在 2007 年，得到微软、李嘉诚等的大笔投资之后，在"粮草充足"的情况下，Facebook 开始了大规模的"招兵买马"。其中除了展开与 Google 之间的人才争夺战之外，Facebook 开始大举收购。

对于收购，2011 年在接受 PBS 的脱口秀访谈节目时，扎克伯格一语道破天机："我们 Facebook 做的很多收购，看重的是打造产品的优秀创业者。有时候收购并不是真的想买他们的公司和正在做的项目。我们真正想买的，是正在做这些酷产品的优秀人才。要知道，如果你加入 Facebook，你将面对完全不同的难题。能接受这样挑战的人才能加入 Facebook。这就是我们一直能保持成功的原因。"

早在 2010 年，扎克伯格也快言快语地表示："Facebook 从未为了公司本身而收购任何一家企业。我们的收购目的是获得杰出人才。"的确，这种策略是从 2007 年 Facebook 的第一桩收购案开始的。

2007 年，Facebook 买下了创业公司 Parakey。第一次收购，扎克伯格就是相中了 Parakey 的两位创始人——布莱克·罗斯和乔·海威特。两位创始人在火狐浏览器和 Parakey 公司表现出的发展思路和产品创意，非常符合 Facebook 的需要。在收购成功后，罗斯负责 Facebook 的国际化事务，而海威特则掌管 Facebook 的手机应用。在把两名干将招致麾下之后，Parakey 便正式关闭了。

收购社交聚合网站 FriendFeed 是 Facebook 2009 年的重大事件，此次交易额达到 5000 万美元。

2009 年 8 月 11 日上午 Facebook 宣布将收购社交聚合网站 FriendFeed。FriendFeed 的四名创始人是 Google 前软件工程师，在收购达成的同时，包括创始人在内的 12 名员工正式加盟 Facebook。Facebook 即将推出的 Facebook Connect 项目就要交给这支新的团队来负责。

2010 年堪称 Facebook 的收购年，这一年度共有 5 笔收购。虽然收购的目标直指人才，但并非指向一个或几个单独的个体，而是希望获得产品、技术和创意。

2010 年，图片分享应用网站 Divvyshot 归于 Facebook 旗下。在关闭其旧的网站之后，网站创始人被任命为 Facebook 产品经理，可惜的是这位创始人很快又另起炉灶。但 Divvyshot 留下的年轻工程师为 Facebook 注入了新鲜血液。

群聊应用产品公司 ShareGrove 被收购后，在第二个月便正式停止公司业务。一年之后，Facebook 推出了新的功能 Group Chat，这正是 ShareGrove 的延续，其在群聊状态下的所有功能都得到了进一步的完善。

在收购旅游推荐网站 NextStop 之后，Facebook 发表了一份声明，"NextStop 的产品团队加入了 Facebook，我们希望以往产品中的一些核心思路能够延续下去。之所以关闭现有版本的 NextStop，是为了更好地将注意力转向未来的新产品之上"。

对于曾经的竞争对手，Facebook 采取的也是收购的策略，比如收购已经停业的文克莱沃斯兄弟的 ConnectU 公司，购买了 Friendster 的全部知识专利。

Gowalla 是一个基于地理定位社交游戏的网络平台，在被收购前用户数达到了 100 万，这是 Facebook 较大规模的一次收购。2011 年底，Gowalla 加入 Facebook 之后，换得了 300 万美元的 Facebook 股份，其创始人被 Facebook 聘请。2012 年 3 月，Gowalla 原有业务停止。

对于人才，扎克伯格显得信心十足，"大量优秀人才加入 Facebook，是因为受到了公司文化和影响力的吸引。我想不出还有哪一家公司能像我们这样，一位工程师为 100 万以上的用户提供服务"。

对于如此众多的创业公司愿意臣服在 Facebook 之下，扎克伯格给予的解释是："我认为购买或出售一家公司跟好事和坏事没有必然的联系。我只是觉得，你需要认识到经过交易后，你发生了哪些改变……所以其实我想会有很多令人信服的理由，一个人为什么要去出售一家公司，为什么要达成他们的目标。"

当然，Facebook 也有失手的时候，比如 2009 年收购微博客网站 Twitter 遭遇滑铁卢。

Instagram 大事件：速战速决贵在神速

2011 年底，在访谈节目中聊到收购，扎克伯格令人惊讶地举了一个 Google 的成功案例："YouTube 就是个很好的例子。它的开支很庞大，Google 向其注资，助其成长，现在 YouTube 成了一个非常好的产品，甚至比创始人预想的还要好。"言语之间，流露出难得的对对手 Google 的欣赏。

几个月之后，扎克伯格出其不意地完成了类似的收购案，引起全球媒体的一片沸腾。

这笔收购金额高达 10 亿美元，是 Facebook 有史以来的最大收购案。而被收购对象 Instagram 只是一家成立不到两年的图片应用网站，用户人数超过 3000 万人，员工人数 13 名，在被收购前的一周刚完成一轮 5000 万美元的融资。

与 2006 年 Google 收购 YouTube 相比，Facebook 收购 Instagram 与之有着惊人的相似，"都是第一次卖 10 亿美金以上的公司；都有惊人的用户数量；被卖的公司很烧钱，且短时间内不可能赚钱；都让买的公司可以在新领域成为稳固的领先者；两者合并有叠加效应；未来都维持独立运作"。

正是因为这些原因，也就不难想象扎克伯格在这次收购案中的惊人之举：收购方案三天谈定，事先未告知董事会。

在 4 月 10 日对外宣布此番大举动的前两天，Facebook 董事会才被告知这一消息，其他董事才第一次获知此事。据消息透露，在扎克伯格向董事会报告之前，他单独与 Instagram 首席执行官凯文·西斯特罗姆进行了三天会谈，方案已经基本敲定。

在一般的收购案中，公司的正式谈判需要银行和律师对协议进行数天或数周的仔细审查。但是，这并非扎克伯格的做事风格。甚至对于向董事会报告，也有消息透露，"扎克伯格只是告诉董事会一声，而不是咨询他们的意见"。毕竟，拥有 57% 的投票权的他完全可以自作主张。

在公开信中，Instagram 首席执行官凯文·西斯特罗姆有几分激动，"开始时，我们并没有想到，通过 Instagram 分享方式的练级，每一天我们都能获得巨大的经验值。正因如此，我们才刷出这一支专业的 10 多人队伍来分这 10 亿美金，我们配得上这个数字。当然，Facebook 拥有更宏大的世界、更恐怖的怪物以及更多刷怪的技巧，我们希望能够在 Facebook 帝国里，打造出激动人心的 Instagram 副本"。

鉴于 Facebook 一直以来买公司只为买人才的风格，外界对被收购后的 Instagram 能否安然无恙表示质疑。Instagram 的创始人肯定地表示："非常明确，Instagram 不会消失！"

在公开信中，扎克伯格更是大方地谈到更多的细节："我们之间有着不同的特点和长处，所以我们会尊重 Instagram 的习惯，比如不招聘太多员工。再者，Instagram 所创造的手机用户体验非常完美，这也是我们看中他们的原因之一。其实我们收购公司，不是为了吃掉他们，然后在 Facebook 肚子里消化，而是为了拼图，拼更大的版图。如果说，苹果的收购是为了补上那个缺口，我们的拼图疆界则是无穷的。全世界有那么多的人爱 Instagram，我们才不会去赶跑他们呢，他们又不会点鼠标。所以，以后我们也会继续致力在 Instagram 品牌上的投入，甚至我们会把爱 Facebook 的人们也推到 Instagram 的怀里。"

扎克伯格说："这桩交易对 Facebook 来说是一个里程碑，我们购买的公司从来没有像 Instagram 这样拥有如此众多的用户。"如此至关重要的事件，却被媒体称为是扎克伯格的"独角戏"，这反而更有力地说明，Instagram 的价有所值以及扎克伯格的势在必得。扎克伯格在尘埃落定前将消息封锁，最关键的原因在于避免别人横刀夺爱。专业人士分析，"Facebook 似乎真的希望在其他竞争者（可能是 Google）下手之前收购 Instagram"。

在上市的前夜，Facebook 如此的惊人举动，一方面说明"Facebook 握有大量现金，早已经像一家大型公开上市科技公司那样行事，Facebook 进行收购并不需要依靠上市筹资"，同时也是为顺利上市加注了一份资本。

据消息透露，在 Facebook IPO 的进程中，遭遇到了风投公司的疯狂压价，因为他们抓住了 Facebook 的一大软肋不放——Facebook 在移动应用方面乏力。而 Instagram 的照片分享应用在手机上的表现相当出色，此次收购非常适当地填补了风投眼中 Facebook 所谓的"短板"。也正因为是在如此紧急的时刻，Instagram 才得以卖出如此高的价格。

　　毕竟一直以来，扎克伯格都对唯利是图的风险投资没有好感。一旦上市，就必须时刻面临公司发展与资本逐利之间的博弈，这是扎克伯格将要面临的一场持久战。因此，在上市这关键性的时刻，从这场战争的最开始，个性好强的扎克伯格就不愿意接受资本的胁迫，他要为自己的帝国把握主动权，不能让风投们有任何可乘之机。何况，收购 Instagram 的确能为 Facebook 开辟令人期待的新天地。无论从哪个角度来说，这场"独角戏"都足够精彩，耐人寻味。

第6章 facebook

没有天才不是怪胎

天才不是天生的

老爸是个科技达人

财富与成功的获得显然不是一蹴而就的事情，扎克伯格的权力与地位也不是一夜之间得到的。

作为世界上最聪明的民族之一，犹太人在教育孩子方面有着独到之处。1984 年 5 月，马克·扎克伯格出生在美国纽约州一个犹太人家庭中。这是一个富裕而低调的家庭，据说扎克伯格一家的房子在当地是面积最大的。

父亲爱德华·扎克伯格是一名出色的牙医，据说在他的诊所网站上，他对外宣称"能让胆小怕疼的人满意"。事实证明他的风趣和幽默的确为患者带去了快乐，人称他为"无痛 Z 医生"。更重要的是，这位父亲思想前卫、崇尚科技，他以自己的言传身教为扎克伯格提供了非常开明的家庭教育。

在扎克伯格家地下一层的超大牙科诊所里，摆满了父亲爱德华的高科技工具。众多的科技产品，爱德华都是最早的一批使用者，他是个不折不扣的科技达人。据说，早在扎克伯格出生的 1984 年，爱德华拥有了第一台电脑 IBM XT，这款电脑是当时世界上第一批个人电脑。1990 年，与电脑相配套的 X 光机一经问世，爱德华就为诊所购置了一台，再次充当了先锋体验者。后来当儿子名声大噪，爱德华在接受媒体采访时说："我所有的孩子都在我的办公室长大，因此都很早接触了电脑。这当然是一种优势，因为这激发了马克对科技的兴趣。"

从小的耳濡目染，让扎克伯格自幼便对一切新科技产生了浓厚的兴趣。很早的时候，父亲爱德华就教扎克伯格学习编程，当时使用的还是 Atari 800 个人电脑。这样一台个人电脑非常厚重，就像一台大型的电子打字机一般，随机附带的编程光盘则是扎克伯格最早的编程教程。在父亲的辅导下，加上超强的自我学习能力，扎克伯格已经展示出了"电脑神童"的禀赋和才智。

童年时期的扎克伯格已经不同于一般的同龄人，他对任何一个问题都喜欢追根溯源。他的父亲回忆说："对于其他孩子的问题，可能只要回答是或不是就行了。但对于马克来说，如果他问了问题，说是可能还好，如果说了不是，那就要打起精神。你必须准备事实、经历、逻辑和理由与他进行强有力的争论。我们设想他会成为一名律师，某天会把陪审团说得心服口服。"

父亲爱德华已经意识到，此时的扎克伯格应该由专业人员来进行专门培训了。于是，1994 年，在扎克伯格 10 岁的时候，爱德华送给他第一台电脑——昆腾 486DX，并为他聘请了一名计算机软件工程师作为家庭教师，辅导其学习编程。

悟性极高的扎克伯格在 1996 年便能够自编软件，当时他编写了一个即时通信程序，将家里的电脑与父亲诊所的电脑实现了局域联网，能够即时互通信息，当有病人来就诊时，通过这个软件就能及时告知家里的父亲。家里人因此非常欣喜地将这款程序命名为"扎克网"，尽管多年以后爱德华透露："这个工具漏洞很多、时常崩溃，但我们用了将近一年时间。"

1996 年，互联网在美国尚处于方兴未艾的阶段，一个 12 岁的孩子发明的即时通信工具，已经是相当超前。1 年后，美国在线才有了 Instant Messenger，3 年后，微软才发布 MSN，腾讯的企鹅也才开始诞生。

当然，家庭教师——一个普通的软件工程师，也不能满足扎克伯格。爱德华打听到离家不远的仁爱学院有专门的计算机课程，于是每周四晚上他便亲自送扎克伯格前往学院听课。通过了解之后，大学的教师也对扎克伯格惊叹不已。

扎克伯格有一个姐姐，两个妹妹。扎克伯格的聪明才智不仅运用到了编程技术上，也丰富了他的童年与少年生活。在同龄的伙伴热衷于《强手》、《大战役》等桌上游戏时，扎克伯格已经通过程序将游戏编入了电脑。在扎克伯格的成人礼上，他和姐妹一起自拍了一部《星球大战》。

扎克伯格的母亲凯伦是一名优秀的心理医生，也在丈夫爱德华的诊所工作。爱德华曾公开表示："我的妻子是个超人，她工作家庭两不误。我们的情形很特别，因为我的办公室就在家里。要是可能的话，我高度推荐这一点，因为这样的工作可以同时提供跟孩子们在一起的机会。"

因此爱德华一家的孩子们既得到了无微不至的照顾，又拥有了自由发展的空间，成年后都颇有成就。姐姐兰迪如今身为 Facebook 的产品营销部门的负责人，是扎克伯格手下的得力干将，三妹唐娜目前在普林斯顿大学就读博士，最小的妹妹阿丽尔是卡莱门麦肯纳学院的学生，计算机专业正是她的辅修课程。

2012 年初在接受媒体采访时，爱德华总结了自己的育儿之道。他说："也许我能说的最好的事情就是我和我的妻子都相信一点，那就是不要强迫你的孩子，也不要试着把他们的生活引向某一个特定的方向，而是要去发现他们的长处是什么，并且支持他们的长处，支持他们富有激情地做事情。我认为任何形式的极端家庭教育都是不好的，孩子们需要全面的发展，需要工作、学习的时间，同样也需要玩的时间。"

缘起少年时代的"帝国"情结

最初，扎克伯格在纽约市北部的一所公立高中就读，两年之后，扎克伯格觉得这所学校索然无趣，于是决定转学。

纽约州北部的爱斯特小城里有一所私立寄宿制中学，让扎克伯格颇感兴趣。这所菲利普爱斯特中学，距今已有 200 多年的历史。从这所学校走出的校友几乎遍布美国所有常春藤名校，因此学校每年都能获得校友的巨额捐赠，成为美国乃至世界上最富有的中学之一。全球最大的中学图书馆和一流的计算机设备，都是吸引扎克伯格的诱人条件。

丰富的资源让扎克伯格如鱼得水，在菲利普爱斯特中学，扎克伯格继续提升自己的编程技能。庆幸的是，在电脑编程上的狂热，并没有使扎克伯格成为一名偏才，菲利普爱斯特中学的教学模式让他得到了全面的发展。

在这个学校，大部分的课程并非中规中矩的传授，而是开展互动式的研讨。一个课程班里，通常 10 来个学生，每个人都和老师一样需要为共同的话题提前进行准备。课堂中，大家和老师一起围坐成一圈，共同分享，开展讨论。

在这样一种氛围中，在菲利普爱斯特中学的两年，扎克伯格在数学、天文学、物理学、古典文学、击剑等方面都卓有成绩，获得不少的荣誉和奖项。他掌握了法语、希伯来语、古希腊语、拉丁文的基本读写，而且还成为学校击剑队的队长以及最有价值队员。

一位好友曾经说，在扎克伯格随身携带的简陋行李中总是有些击剑器具。甚至在散步的时候，他也常常会拔出自己的剑，挥舞几下。

据传，41岁的谢丽·桑德伯格在Google副总裁期满后，能与80后的扎克伯格成为黄金搭档，成为Facebook公司首席运营官，其中有个令人匪夷所思的原因：扎克伯格承诺将自己的击剑术全部传授给桑德伯格的儿子。

菲利普爱斯特中学对扎克伯格的影响，似乎远远不止这些。据说，就连Facebook的创意都与这所高中有关。每个新学年开始，菲利普爱斯特中学都会制造花名册，收集学生的照片和基本信息，用于学生之间的联系与沟通。

也许正是心怀对高中教育的感激，成为财富新贵的扎克伯格也倾情于对高中学校的资助。2011年4月，扎克伯格对美国新泽西州的5所新建高中投入了近100万美元的赞助。

也正是从高中阶段开始，扎克伯格在兴趣上开始表现出几分古怪。他对古典文化尤为着迷，他能流利地背诵《伊利亚特》等长篇史诗中的诗句。一次在采访中，有记者问他如果可以选择，扎克伯格愿意与谁共餐，他说是荷马史诗中的英雄人物阿基里斯，并随口说出了《特洛伊战争》中的一句台词："现在你知道你在和谁战斗了。"

另外，以古典文学作品《Risk》为蓝本，以古罗马帝国为时代背景，扎克伯格开发出一款电脑游戏，游戏者可以集合数人的兵力占据世界版图上的一个个国家，最终统治世界，甚至连恺撒大帝也是需要一决高下的对手。正因为此，熟悉扎克伯格的朋友们都认为他心中怀揣着不为人知的"皇帝梦"。曾经的搭档，Facebook前总裁帕克就曾说过："他身上有种想当帝王的倾向，总是迷恋古希腊奥德赛那一类故事。"

在哈佛的选修课程中，扎克伯格选择了一门名为"奥古斯都时代的艺术"的课程。然而事实上,他几乎没有去上过一堂课。临近期末,他在网上建了一个小程序,将有关课程的内容转换成一张张图片,将500多张奥古斯都大帝时代的照片形成一个系列,发给了选修了这门课程的其他同学,请同学们根据图片添加注解。同学们都将此视为扎克伯格怪异的复习方式,在两个小时之内,全部照片都有了图片说明。如此一来,通过阅读同学们的评语,扎克伯格对奥古斯都时代的艺术有了全面的了解,顺利地通过了期末的考试。多年后,扎克伯格回忆说:"班上所有人的考试成绩都不错。"

扎克伯格也因此拥有了一些特别的绰号。他的家人说他从小就对经典史书中建立帝国之类的情节兴趣浓厚,因而母亲凯伦在他年幼时充满爱昵地称他为"王子"。而"杀手"的称呼则是哈佛的校友送给他的,后来美国《名利场》杂志赋予了他一个"新恺撒"的头衔,似乎深得扎克伯格欢心。

Facebook 对于扎克伯格而言就是一个纵横四海的帝国,正如《时代》周刊所言,"他并没有继承一个帝国,而是创建了一个帝国"。很多早期的用户还清晰地记得,在 Facebook 最早的版本中,网站页面上有一行类似宣传词的脚注——"马克·扎克伯格出品"。甚至在宣传资料上,扎克伯格的自我介绍中都会带上"创立者、主宰者、指挥官与全州公敌"之类的前缀。

这种帝国情结也被扎克伯格运用到 Facebook 的管理中。他在公司的会议上,常常引用史诗巨著《埃涅伊德》中的语句,"时间无所边界,伟大没有尽头","财富眷顾勇者,帝国没有界限"。

天才总是与众不同,扎克伯格是一名红绿色盲。他说:"蓝色最为丰富,我能看到所有的蓝色。"因此,蓝色也就成为 Facebook 网站和手机应用的主色调,Facebook 的办公室别名"蓝屋",其中使用了大量的蓝色和白色。

在 Facebook 个人页面的兴趣栏中,扎克伯格非常坦诚地列举出自己的"怪癖"：禁欲、极简主义、创造、破坏、信息流、革命、公开。法国电音乐队 Daft Punk、美国歌手 Lady Gaga 是他最爱的音乐人，一部有关政治题材的电视剧《白宫风云》（The West Wing）也最受他青睐，而凑巧的是，该剧编剧恰恰就是电影《社交网络》的编剧。

对于禁欲，扎克伯格曾有过公开的解释，他说："我只想集中精力关注我正在做的事情，当我把这个词放入我的个人资料，那便是我如今关注的事。我想这也许与佛教相关，对于我来说，这只是——我也不知道，我认为人很容易被分心，并且陷入短暂或者物质的东西，这没有任何意义。"

也就是说，对于一个有着强烈统治欲望和帝国情结的人而言，禁欲只是为了专注。

技术男的另类情商

突破人际交往的现实障碍

父亲——科技达人，母亲——心理学家，对扎克伯格潜移默化的影响也许是不相上下的，因此，在哈佛大学，扎克伯格兼修心理学与计算机两个专业。母亲凯伦心思细腻敏感，同时个性坦诚率直，这些都遗传给了扎克伯格。

作为一个技术天才，心理学的功底足以让他的思维方式与众不同。

在电影《社交网络》中，扎克伯格的前女友愤怒地说："听着，你或许会很有钱，但是，你这辈子都以为女孩们不喜欢你，是因为你是个技术怪胎。我想让你知道，真正的原因是你是一个混账！"

虽然电影的情节纯属杜撰，但毋庸置疑的是，这个将狂妄自负与羞涩内向融为一体的天才，的确在某种程度上有着人际交往的障碍。通过 Facemash 事件，他的才华已经被校园学子们认可，但是走在校园内依然还是有无数人对他侧目。

也许正是在现实生活中的孤寂，在网络的世界里，不知是有意还是无意，扎克伯格多次尝试创建一个人际交往的空间，企图建立一种自己的游戏规则，吸引大家都来参与。Facebook 最终的成功，以事实证明了扎克伯格作为游戏创立者和引导者的能力。

在扎克伯格创立 Facebook 之前的一些小打小闹的实验中，都渗透和蕴含着这些建立人际交往的思想与理念。

在菲利普艾斯特中学的时候，他遇到了和他一样痴迷于编程和软件的志同道合者亚当·德安杰罗，他们一起捣鼓出一款 MP3 播放器插件，这款名为 Synapse 的软件能够通过用户在音乐选择上的记录分析出其爱好，从而推荐类似的曲目并生成定制播放列表。

这样的研发，在扎克伯格和好友眼中，完全是出于一种兴趣。但当这个软件公开之后，便立即受到美国在线和微软公司的高度关注，"嗅"到了其中巨大的商业价值，于是两家公司都纷纷找到扎克伯格，企图以高价购买此款软件的版权。微软公司更是相中了扎克伯格这位十几岁的技术高手，在他高中毕业时，奉上近 100 万美元年薪的承诺，意欲将其收归麾下。谁也没有想到这样一个毛头小子居然是一个"视金钱如粪土"的人，微软的邀请遭到了扎克伯尔的拒绝。

这个软件在当时也许并不完美，但其最大的妙处就在于其非常"善解人意"，在一定程度上能准确揣测用户喜好与心理。

2002 年，在扎克伯格步入哈佛校园的时候，亚当·德安杰罗走进了加州理工学院计算机系。物以类聚，人以群分，德安杰罗和扎克伯格有着同样的嗜好，在加州理工学院的寝室里，他曾经捣鼓出一个名为 Buddy Zoo 的项目。当时 AIM 是在美国非常流行的在线即时通信软件，Buddy Zoo 可以邀请用户在 AIM 上上传一个好友列表，这个列表会立即与其他人的列表进行比较，从而分析出共同的好友，从而形成关系千丝万缕的社交网络。

这个项目当时颇受欢迎，但亚当·德安杰罗并没有就此创业的意识，而错失良机。但扎克伯格却从中颇受启发，从而对社交网络项目格外用心。

在 Facemash 事件之后，扎克伯格为了向自己的计算机学教授哈瑞·刘易斯教授表示敬意，编辑了一个名为"哈瑞·刘易斯的人际六度空间"的程序。在这个程序里，扎克伯格搭建了一张以刘易斯教授为中心点的人际关系大网。任何一个哈佛的学生，当他输入自己的名字并点击后，就能勾勒出自己与刘易斯之间关联的路径。

早在数十年前，哈佛大学一名心理学教授坦利·米尔格拉姆有一个著名的理论"六度分隔"。他认为，一个人与另外任何一个人之间所间隔的人不会超过6个，即最多通过6个人就能够认识一个陌生人。一直以来，"六度分隔"理论遭受到了各界的质疑。在哈佛同时选修了计算机学和心理学的扎克伯格，似乎在努力地通过网络世界，证明米尔格拉姆教授的这一理论。

即使到了今天，扎克伯格依然是个腼腆的大男孩。据百度公司的一位员工王子明介绍，2010年12月20日，当他在公司遇到扎克伯格时用英语和他打招呼："你好，我是你的粉丝！"王子明惊讶地发现自己的偶像居然"唰"地一下红了脸。同为百度员工，阮鹏虽然很遗憾没能见到扎克伯格，但他却认为王子明看到的只是表象。他说："其实扎克伯格对社会心理学很有研究，他不仅很懂得人的心理，还很懂得将其进行社会应用，电影里关于他不善沟通的描述，应该是虚构的。事实上，能做好SNS网站的人，不管他是做技术还是其他，情商不够是很难成功的。"

这样一个在现实中木讷的"机器人"实际上有着非常细腻的心理，他对现代生活中人们的孤独、空虚等心理有着非常深刻的认识。这种不同于常人的情商，正是Facebook成功的真正原因。这是剖析扎克伯格的成长经历的意义所在。

哈佛赋予的"天时地利人和"

2002年，当扎克伯格高中毕业的时候，他毅然拒绝了微软的高薪聘请，选择前往哈佛大学继续自己的学业。2004 年，为了 Facebook 的发展，扎克伯格选择了追随校友比尔·盖茨的步伐，从哈佛大学辍学，全身心投入创业。

现如今，人们津津乐道的只是扎克伯格哈佛大学肄业的经历，然而，在这不到 3 年的时光里，扎克伯格在哈佛收获了一些什么，或者说，哈佛大学到底给予了扎克伯格什么呢?

不得不承认的是，哈佛大学宽松自由的学习氛围，让扎克伯格能够有发挥和创造的空间。哈佛大学历来有学生创建网站的传统，据说时下依然表现出色的一只对冲基金就是一位哈佛本科生在课余时间创立的。同样，与扎克伯格同样热衷于建立社交网站的本科学生也并非只有他一人。

有了哈佛最成功的辍学者比尔·盖茨为榜样，哈佛对学生休学有着宽松的规定，因而扎克伯格选择主动告别哈佛时似乎无形中多了一份勇气。2006 年，在接受《福布斯》杂志采访时，扎克伯格承认他受到了盖茨的影响。2004 年比尔·盖茨回哈佛演讲，扎克伯格回忆说:"盖茨鼓励我们利用课余时间从事某个项目，而当时哈佛也允许学生休学创业。当时盖茨开玩笑对我们说，如果微软失败，他会重返哈佛。"

后来的创业伙伴莫斯科维茨分析扎克伯格的成功之道时说:"只有天赋和雄心并不一定能够成功，真正重要的是要有运气，马克就够幸运，所以三者兼备。他处在合适的环境下，把握住了最佳时机。在他看到自己希望追求的好构想时，别人可能觉得应该首先完成学业。"

作为美国最负盛名的高等院校，哈佛大学群英荟萃，在扎克伯格居住的柯克兰宿舍里，就有着个性各异的天之骄子。

Facebook 早期的创业伙伴爱德华多·萨维林、达斯汀·莫斯科维茨、克里斯·休斯都是来自于哈佛的同窗，其中两位还是亲密室友。多年以后，他们与扎克伯格分道扬镳，甚至反目，但是不管恩怨情仇，他们曾经亲密无间的关系都缘起哈佛这座象牙塔。

所谓社交，就是指人与人的交往。莘莘学子正是青春飞扬的年纪，大学校园也是社交网站最天然的土壤，在大学宿舍起步、在大学校园风靡是 Facebook 能够快速走红得天独厚的优势。

人们进行社交的一个重要因素就是"慕名"，哈佛的血统为 Facebook 提供了莫大的影响力和号召力。Facebook 的早期用户，曾这样中肯地分析："哈佛存在不容忽视的潜在社交竞争，我认为这是 Facebook 在成立之初的推动力。假如要在网上展示并保留个人简历和社交圈子，就读于哈佛大学的这些天才和精英们就不会为自己努力构思最佳简历和构建最广的社交网而后悔。"

如果扎克伯格只是一名纯粹的技术狂人，Facebook 也许就不会如此成功，作为大学生，扎克伯格设计的程序能触摸到天之骄子们的内心深处。

当初 Facebook 的雏形 Facemash 推出时，在主页上，扎克伯格设计了这样的旁白："我们会因为自己的长相而被哈佛录取吗？不会。别人会评价我们的相貌吗？是的。"事后，《哈佛深红报》称扎克伯格"迎合了哈佛学生最低俗的风气"，但又不得不承认 Facemash 背后深入人心的心理战术，"斜眼看人的怪僻大四生和你的中世纪手抄本中某个章节里的迷人角色——点击！你的室友和安娜伯格食堂里总盯着你看的年轻人——点击！两个你最好的朋友，同样的出类拔萃——这还用犹豫吗，点击、点击、点击选择吧！像这样以浅显的标准评价周围人而无需直接面对任何评判对象，我们哈佛学生当然会为之着迷"。

后来，在 Facebook 的主页上，扎克伯格设计的表述就更加直白：Facebook 是一个在线目录，它将校内社交圈的人们联系到一起。我们在哈佛大学内掀起了广受追捧的 Facebook 风潮。你可以在 Facebook 上搜寻自己学院的同学、找到自己班级的同学、查找自己朋友的友人、勾画出自己的社交圈子。

《纽约客》执行总编阿米莉亚也曾经给出这样的评价："Facebook 没有把用户集结在一起，结成浪漫交友的圈子，而是表现出其他很多本性，一种寻求归属的渴望，一种虚荣的冲动和重重的偷窥心。"

在 Facebook 多年的运营中，扎克伯格时刻关注的是尊重用户个性，保持网站"酷"和"有趣"的特质。他说："我只是坚信，人们最感兴趣的事物其实是人。我相信人们总是喜欢做那些使自己开心的事情。为了使自己开心，他们需要了解他们身边的世界，了解他们身边的人。"

2011 年 11 月，自 2004 年阔别哈佛 7 年之后，扎克伯格衣锦返校。而这一次他是以老板的身份前来招聘自己的学弟、学妹。甚至有哈佛的新生在采访中表示，是因为扎克伯格的经历让他选择了哈佛计算机专业。而在过去若干年前，大多数人选择哈佛的一个重要理由是因为曾经的学长比尔·盖茨。如今，故事在延续，但是主角已经更换。

同样作为哈佛辍学生，盖茨与扎克伯格最受益的也许就正是"教育的真谛"——当你忘记一切所学到的东西之后所剩下的东西。

坚守最初的自己

心里藏着个孩子

有传闻说,当年高中毕业,扎克伯格曾拒绝微软的高薪聘请,主要的原因就是公司要求早上 8 点上班,而他起不了床。如果说当年的扎克伯格还稚气未脱,那么现在的扎克伯格尽管一直在各方监管下"被成长",但他的内心深处依然是童心未泯。

一次在 Facebook 的员工餐厅,在闲聊中,产品工程师扎尔塔的助理与他打赌,一个人一周能否做 5000 个俯卧撑。扎尔塔认为助理简直是在说笑,这是不可能的事情。这时,一旁安静用餐的扎克伯格却主动接过"赌局",对扎尔塔说:"我能做到,我来同你赌一把。"

接着,这位思维缜密的技术天才为 5000 个俯卧撑做了个表格,设定每隔多长时间就做 10 个 ~ 15 个。甚至在一次公司的内部会议上,大家都在就新产品开发进行热烈的讨论,扎克伯格突然站了起来说:"稍等一下,让我先做 15 个俯卧撑。"就是凭借这种不依不饶,扎克伯格最终赢得了这场赌局,向自己的员工证明了"没有不可能"的真谛。

在职场表现日益成熟的扎克伯格,也依然会时不时冒出内心的"可爱"与"单纯"。2009 年的达沃斯世界经济论坛晚宴上,Google

创始人拉里·佩奇正好坐在扎克伯格的身边，同桌的还有桑德伯格和《财富》杂志记者评论员、《Facebook 效应》作者大卫·柯克帕特里克。几杯葡萄酒下肚后，扎克伯格倾身与旁边的拉里·佩奇交谈。

扎克伯格问："拉里，你用过 Facebook 吗？"

佩奇不露声色地吐出几个字："没用过。"

"为什么不用呢？"有些失落的扎克伯格又稍稍向佩奇靠近了一些，接着问。

佩奇愣了几秒，说："那玩意不太适合我。"

扎克伯格正准备穷追不舍，一旁的桑德伯格马上制止了他，并暗示他有媒体人员在场。事实上，再追问下去，老练的佩奇也会被率直的扎克伯尔逼得难以招架。

灰色 T 恤、连帽套头卫衣、North Face 牌运动衫、牛仔裤、阿迪达斯橡胶拖鞋，这是最常见的扎克伯格着装风格。甚至在许多次重大的新闻发布会、记者访谈上，扎克伯格也是以 T 恤、牛仔裤和运动鞋登场亮相。有人甚至还清晰地记得，早在 2007 年的一次论坛上，面对采访，23 岁的扎克伯格露出稚嫩的虎牙，还跷起了二郎腿，他的脚上正夹着阿迪达斯橡胶拖鞋。一头卷发，满脸雀斑，再加上不修边幅，扎克伯格的形象实在难以与财富新贵对应起来。

2010 年，扎克伯格被《时代》杂志评为了年度风云人物，但与此同时，英国时尚杂志《Esquire》给了他另一个称号"2010 年十大最差着装品味公众人物"，其评语也异常犀利："无论你多有钱，或是你手中掌握着多少人的秘密，都不能在该穿礼服的场合穿 T 恤和牛仔裤，而且还希望得到别人的重视……你刚刚给纽瓦克的学校捐了 1000 万美元。难道花上几千美元买两套 Zegna 之类牌子的西服会死吗？"

作为一个技术型宅男，扎克伯格的确有着不同常人的不羁个性和自由散漫的生活作风。

扎克伯格也有古板的时候，他坚持自己在未成年前不喝酒，于是朋友们笑话他："能自己建网站，却不能给自己做一个假的身份证。"

现在的扎克伯格在下班后经常去办公室旁边的一家酒吧"安东尼奥的坚果房间"。在那里，他不跳舞也不听歌，只是点一杯红莓伏特加，打开他的苹果电脑，安静地编写程序。

酒吧并不大，昏暗脏乱，还有满墙壁的涂鸦。酒吧里的一个牢笼里，还关了一只巨型的会活动的高仿真玩具猩猩，有时扎克伯格会抓起吧台上的花生去喂这只大型"宠物"。

在感恩节的假期里，扎克伯格曾陪家人一起前往了奥兰多哈利波特魔法世界，他特意给自己买回了一根魔杖。

2010 年，在扎克伯格被《时代》杂志评为风云人物之后，美国著名肖像摄影师马丁·苏勒受邀为扎克伯格拍摄照片，于是有了近一个月的时间与扎克伯格亲密接触。他说："他的内心好像藏着一个孩子。"

Facebook 首席运营官桑德伯格是整个公司为数不多的年过 40 的员工，她这样介绍自己的老板："他非常害羞，人很内向。对于不认识的人，他看起来好像不冷不热的，但实际上他是非常热情的，他对于一起工作的同事充满了关心。"也许当时苦苦"追求"桑德伯格的扎克伯格，正是凭借着这种纯真的孩子气打动了她。

生活方式改变了吗？

2005 年底，维亚康姆 MTV 音乐电视总裁迈克尔·沃尔夫为了说服扎克伯格卖掉公司，邀请他乘坐维亚康姆的专机旅行。在空中，无话找话的扎克伯格对这架 G5 飞机表示了欣赏，他说："这架飞机太棒了。"沃尔夫接过话来，说："也许你应该把公司的一部分给我们，那么你就可以自己拥有一架。"扎克伯格不置可否地笑了笑。

2006 年初，沃尔夫再次拜访扎克伯格，已经成为扎克伯格朋友的他顺道去参观了扎克伯格的公寓。那是一套异常简单的一居室公寓，没有家具，唯有地板上一张床垫和一张竹席，书刊堆成一堆，还有一盏灯。也许是看到扎克伯格居住条件的过于简陋，在用餐时，沃尔夫再次提出："为什么你不把公司卖给我们算了？那么你将会非常富有。"

谁知扎克伯格微微一笑，说："你刚才看了我的公寓，我并不是真的需要钱。"

直到 2010 年，著名摄像师苏勒为摄像来到扎克伯格的住处，他和女友依然住在那套老式公寓里。苏勒说："那座公寓看上去已有好些年头，墙壁上有厚厚的黑斑，如同墨汁一般，从墙角开始向上晕染；墙边上，能找到行人随意丢弃的烟蒂；公寓底楼台阶旁不远处，有一个小浅坑，积着污水，上面还漂着枯黄的叶子。这个 26 岁的网络社交帝国创立者过着'清教徒'般的生活。"

目前，本田 Acura TSX 是扎克伯格的专车，已经驾驶了 2 年，市场价格可能仅有 2 万美元。在美国这被划为入门级的豪华车，一般工作一年的律师会开这样的车。

当有人问这位身家不菲的年轻企业家："你的生活方式变了吗？你看起来不像是会买很贵衣服的人。"扎克伯格爽朗一笑，说："是的，我不会买。我有一套一室一厅的小公寓和一张床垫。我住那儿。"

"外界形容我是亿万富翁，但我只想住在公司附近，每天走路上下班。我的助理在公司旁边帮我找了新公寓，我根本没有看过那个地方，只要能走路回家睡觉，再走路到公司上班就行。"这就是扎克伯格简单得几乎吝啬的生活方式。

在生活上，扎克伯格真是个欲望很小的人。也许正是因为对于金钱的这种淡泊，使得他在公司赢利方面并不热衷，甚至曾经一度排斥广告业务。对此，扎克伯格专门阐述了自己的观点："我认为我们对金钱持有相当实用主义的观点。有些时候我说的话被误解为我对金钱毫不关心，这显然是错了。我认为创建公司是改变世界的一种最佳方式，因为创建公司后可以通过协调优秀人才和合作伙伴的观点与利益，创造出优秀的产品来服务大众。一个人不可能单独完成这些，因为必须要有多个人才能谈所谓的合作。而如果是一个非盈利机构，也无法完成这些，因为你没有足够的资源，而总是在募集资金而不是自己创造资金、自给自足。我想这就是我的看法。"

在慈善公益上，扎克伯格却是个相当慷慨之人。

早在平台开放的时候，在 Facebook 成千上万的应用程序中，扎克伯格最钟爱的一个程序叫做"理想"，是扎克伯格的挚友帕克与扎克伯格的哈佛室友乔·格林共同开发的，目的是帮助非营利组织募集资金。在用户进行捐赠后，该程序会向每一个 Facebook 的用户发送一条动态消息，激发更多的人参与其中。这个公益慈善程序得到扎克伯格的大力推崇，目前是 Facebook 上用户最多的应用程序。

2010 年 6 月，盖茨和巴菲特发起了"捐赠誓言"活动，倡导慈善行为。在活动发起后不久，扎克伯格通过签署"捐赠承诺"，承诺自己的所有身家至少有一半用于慈善事业。

同年 9 月，扎克伯格向纽瓦克公立学校系统捐赠 1 亿美元，帮助全美最为落后的学校提高教育水平。据说这刷新了美国青年人慈善捐款纪录。

2011 年，美国 PeekScore 调查中心对科技界慈善人物进行网上调查，最终扎克伯格与盖茨同样获得 10 分。

扎克伯格曾说："一些人等到事业晚期才回馈（社会）。可现在就有那么多事情需要做，为何要等待？我们中一些人很可能在人生早期回馈社会，见证我们慈善努力的影响。"

对于扎克伯格的慈善之心，比尔·盖茨给予了高度赞赏："他们（指扎克伯格与他的女友普莉希拉）很值得赞扬，我在 40 岁开始做慈善，而他们现在就开始了。"

电影背后的本色恋情

正如电影中所讲述的，2003 年，扎克伯格与女友分手，确有其事；但为了泡妞而苦心设计各种程序的说法，则显得有些荒唐。在 Facebook 上，扎克伯格介绍其爱好是"极简主义、革命与禁欲"。可以确信的是，"泡妞"并不是这个技术宅男的兴趣所在。

谈到自己的恋爱史时，扎克伯格曾经透露过一个浪漫的情节：他曾经为一个女友下厨，准备了一顿晚餐。尽管最终这顿浪漫晚餐做得并不成功，但这对于一个成天与机器和程序打交道的技术天才来说，已经是难能可贵的了。

要说扎克伯格的八卦，最吸引人眼球的莫过于扎克伯格与新婚妻子普莉希拉·陈的故事。2003 年 11 月，在哈佛校园的一次聚会上，拥挤的人群，嘈杂的音响，四溅的啤酒泡沫，还有共用的卫生间门口排着的长队。被室友拖来参加聚会的扎克伯格也站在了等待方便的队伍中，他双眼放空，盯着某一处。

一个名叫普莉希拉·陈正好站在扎克伯格的身后，望着面前这个举校闻名的"魔王"，女生眼中共同的讨厌鬼，一种难以抑制的好奇与冲动，使得普莉希拉·陈忍不住搭讪，她朝扎克伯格微微一笑，"Hi!"

就在这年年底，扎克伯格与普莉希拉·陈正式开始交往。

根据东方人的审美观，普莉希拉·陈可谓是其貌不扬，肤色较深，身材偏胖，形象气质欠佳。她就读于哈佛大学医学院，是美籍华人，从小随父母从香港移民美国，居住在波士顿，其父亲曾担任香港行政官员。从学识与背景上来看，她与扎克伯格称得上门当户对。除此以外，与电影中那位所谓的"野蛮女友"相比，普莉希拉·陈对扎克伯格才华的欣赏、对其事业的理解也为其加分不少。

2004 年，扎克伯格休学创业，前往加州帕洛阿尔托建立 Facebook 时，普莉希拉·陈就毫不犹豫地成为创业团队中的一员。2007 年从哈佛毕业之后，她正式加入到了 Facebook，全心全意助男友扎克伯格一臂之力。

在普莉希拉·陈读书期间，忙于创业的扎克伯格恪守着与女友的"约法三章"：每周一次约会，最少待 100 分钟，不能宅在他的家里，也不能在 Facebook 公司的办公室里。

和素朴的外表一样，普莉希拉·陈的生活方式与扎克伯格所提倡极简主义也相当融洽。交往多年来，他们一直租住在一套一室一厅的小公寓中，一张床垫、一张桌子、两把椅子就是家具，步行或自行车是他们共同的交通工具。

出于对东方文化的兴趣，也为了与女友的家人交流感情，扎克伯格还此专门学习了汉语。据称，近几年来他在每周三与周五都会留出一个小时的时间来学习中文。此举更令外界对普莉希拉·陈的这位男友赞不绝口。

早在 2010 年底，扎克伯格与普莉希拉·陈现身北京，让中国粉丝欣喜不已。他参观了中国互联网和通信的几大巨头公司——百度、中国移动、阿里巴巴、新浪等，与李彦宏、王建宙、曹国伟等进行会面，引发业界纷纷议论与种种揣测。但是，Facebook 却对外表示，扎克伯格此次来华并非为了公务，"他就是在度假期间来中国旅游，顺便陪华裔女友看亲戚"。

2012 年春天，扎克伯格携女友再次现身中国上海街头，两人像普通情侣一般逛街压马路，还在苹果零售店流连多时。可以肯定的是，有着这样一位华裔女友，加上中国巨大的市场潜力，扎克伯格的中国粉丝将会有越来越多的机会与这位偶像亲密接触，甚至是街头偶遇。

在多次被传"将婚"的消息之后，在 Facebook 上市后的第三天，也就是 2012 年 5 月 20 日，扎克伯格在自己的主页上宣布，他结束了单身生活。在长达 9 年的马拉松恋爱之后，普莉希拉·陈终于成为了令无数人羡慕嫉妒恨的"扎太太"，成为有"邓文迪第二"之称的幸运女神。

这场在加州低调举行的结婚仪式，只有近百名的宾客，却赢得数亿双眼球的关注。为了这场婚礼，扎克伯格特意斥资 700 万美元购下 400 多平方米的豪宅，并亲自设计了婚戒。当然，更重要的是，这位新郎当日着装得体，风度翩翩。

粉丝们纷纷感叹，扎克伯格拥有一副不羁的外表，却有着一颗专致的心，不论对事业还是对感情。这让扎克伯格的魅力再度升温。

第7章 facebook

扎克伯格的中央舞台

管理之道不走寻常路

大型"大学生宿舍"

尽管提前离开了哈佛的校园，扎克伯格的校园情结似乎一直没有改变。他依稀记得2004年那些夜晚与室友们一起编写程序的快乐日子。

2005年4月，扎克伯格带领的创业团队刚从暑期租赁的房子里搬出，入住新办公场所。

当阿克塞尔合伙公司的埃法西前往Facebook办公室，他被当时办公室的涂鸦艺术震惊。

埃法西非常清楚地记得，那个办公场所有一段长长的楼梯，楼梯被刚刚配上涂鸦，头顶一副巨大的幻彩荧光图画——一个女人骑着一条大狗。阁楼的墙上全部是风格大胆的彩绘，甚至包括裸体画。后来，埃法西还被领到女厕所，那里还有一幅壁画——一个裸体的女子抱着另一个女子的双腿，树上有一只法国牛头幼犬看着她们。直到后来谈判快达成时，埃法西才发现，那些壁画都在敏感位置进行了稍微的遮挡。

据说这位涂鸦艺术家当时是帕克的女友，当时她选择了以公司的 0.1% 股权作为报酬。在 Facebook 即将上市的消息公布后，她发现自己手中的股票已经价值上亿美元。

2009 年，拥有了数千名员工的 Facebook 结束了在帕洛阿尔托市中心的分散办公，搬进了占地面积达 15 万平方英尺的新办公总部。

据说这栋建筑本属于惠普公司，空置了很多年之后终于迎来了新的主人。这座富有后工业时代特色的办公室以蓝白色为主色调，被称作"蓝屋"。整个办公室非常宽敞，完全开放，落地窗户让整个空间非常明亮。在这个巨大的房间里，没有小隔间，一个被称作"水族馆"的会议室是唯一的封闭区域。Facebook 的高管和扎克伯格一样，都没有独立的办公室。而扎克伯格的办公桌非常简单，"他的桌面甚至比普通员工还要简单。其他员工桌上都有一台戴尔电脑，而他桌上，只有一台笔记本电脑，还有几根竹叶片从空中垂下来，在他桌子上面晃来晃去"。

整个办公室被装点得如同一个游戏世界，天花板上画着白云、红蘑菇，还有如中国铜钱形状的金币，而绿色的竹叶藤蔓一根根垂了下来，轻轻摇曳。

涂鸦文化在这里得到延续，奇形怪状的"黑客"字样满屋子都是。整套办公区有两栋楼，走廊部分的墙上，则是员工们自由发挥的涂鸦天地。

开放的办公形式体现的正是 Facebook 的企业文化。

在孩童般的扎克伯格的带动和传染下，Facebook 的高管层似乎也都是一群"老顽童"。事实上，Facebook 员工的平均年龄不超过 30 岁。据苏勒介绍，当时 Facebook 主管增长、移动和国际化的副总裁扎马斯·帕里赫皮亚、工程副总裁迈克·斯科罗费、技术运营副总裁乔纳森·海利格尔和产品副总裁克里斯·考克斯常常与扎克伯格相聚在"安东尼奥的坚果房间"。他们会在一起打台球、玩桌上桌球，甚至飞镖。席勒说："整个高管团队看上去很像一群高中生，每个人都穿着休闲上衣和牛仔裤。他们大部分穿泛着光泽的皮鞋，但马克运动鞋不离脚。"

扎克伯格说："为了给员工提供快乐而舒适的办公氛围，公司鼓励无拘无束的交流方式，以保证创意的不断迸发。"

这个社交网络的老大，从来都提倡现实人际社交的基础性和重要性，因此，在 Facebook，扎克伯格希望形成一种友好的办公氛围。他说："我让员工抽出 20% 的工作时间泡在一起，而不是去忙各自的业务。我让他们待在一块儿，不强迫他们非得成为朋友，但可以让他们在与同事相处时感觉更舒适，交流更顺畅。通过这样的方式，我们营造了一种自由而有效的沟通文化，这是个不太成文的规定，我觉得企业氛围就该如此。交流顺畅了，思想得以相互碰撞，并最终促成一个又一个项目。"

作为 IT 精英，加班加点、通宵达旦是常有的事。因此，Facebook 的员工食堂免费提供一日三餐，还有下午的点心，以及凌晨加班的宵夜，零食不限，饮料柜里的饮料非常丰富。餐厅美食不仅由前 Google 首席主厨戴西蒙掌厨，而且不定期会有各地名厨前来亲自操刀。据说，主厨戴西蒙用来烹煮美食的食用盐就达 8 种之多。

显然，Facebook 的餐厅服务已经超越了曾经名噪一时的 Google 餐厅。Facebook 发言人说："员工的生活更舒适，才能让员工专心在工作上。我们不希望员工赶来上班的时候，还得担心吃早餐、带午餐的问题。"

在这栋楼里，除了能享尽美食之外，还有免费的干洗间、单独的厨房以及专门的调酒桌和酒吧。食堂大厅里还堆放着滑板供员工们使用。娱乐设施也非常齐备，视听室里有爵士鼓、电吉他还有大型棋盘。在 2009 年应对 Google "翡翠海" 计划的全员戒备时期，这种工作生活一体式的办公环境发挥了最大的效用。

Facebook 的员工说，为了纪念 "Facebook 是从哈佛大学宿舍诞生的"，因而把办公室设计成了一个大型的"大学生宿舍"，衣食住宿都可以在此解决。

将黑客方式进行到底

众所周知，在乔布斯的率领下，骁勇善战、所向披靡的"海盗文化"是苹果公司的精神内核。乔布斯曾在动员会上大声疾呼："做海盗比做正规海军棒多了。让我们一起干海盗吧！"海盗文化衫也开始在苹果公司流行，甚至在苹果公司麦金塔大楼顶部曾飘扬着一面有骷髅图案的海盗旗帜。

苹果公司曾经打出这样的广告："那些疯狂到以为自己能够改变世界的人，才能真正改变世界。"正是如此，成功的人都各有各的疯狂。扎克伯格的黑客精神就有如乔布斯的"海盗文化"。

2011年12月，Facebook公司乔迁新址，搬进了美国加州门罗帕克的新总部，并将总部地址命名为黑客路1号（1 Hacker Way）。扎克伯格这位黑客CEO在向世人宣布，Facebook将一如既往地奉行黑客精神。

黑客是英文Hacker的音译，最早出现在美国的计算机领域，专指研究、发现计算机和网络漏洞的电脑专家或程序设计人员。源于对计算机和网络技术的狂热，这些人群热衷于在貌似缜密的网络系统中寻找漏洞，在他们眼中永远没有固若金汤的网络。随着网络的普及，同时经过媒体的误导和影视剧的渲染，黑客一词的意思发生变化，用来泛指利用网络漏洞入侵并进行破坏的人员，而往往这些人都是误入歧途的高技术人才。

由此看来，当年的扎克伯格的行为多少还带有原始的"黑客精神"：对技术无比狂热，对网络无比痴迷。

在扎克伯格的心里，黑客始终保持着最原始的追求：积极进取，追求完美，接受挑战，用行动证明一切。他曾经这样表述："黑客们认为，有些事情始终可以变得更好，没有事情是完整的。他们必须不断对其进行改进，因为他们常常面对的人对现状感到不满意。"

在公司掌舵者的推动下，Facebook 公司流行着各种黑客似的口头禅，诸如"代码胜过雄辩"之类，其意思就是说，"黑客们不是对某个新创意是否可行或开发某产品的最佳方式进行连续几天的无休止的讨论，而是亲自动手尝试"。

渐渐的，这种黑客精神成为 Facebook 的一种企业文化，公司不定期地进行内部的"黑客马拉松"比赛（Hackathon），这种类似于创意风暴的活动，能使 Facebook 的产品保持着个性十足、时尚活力的特质。据 Facebook 的内部工作人员透露，聊天、视频、时间线、HipHop、移动开发架构等功能都是在这个活动中脱颖而出并付诸实施的。

2012 年 2 月，Facebook 启动 IPO，对外公开融资 50 亿美元。日益成熟的 CEO 扎克伯格向投资者发出公开信，他在介绍 Facebook 时着重介绍了公司的核心企业文化——"黑客方式"。

作为构建一家强大公司计划的一部分，我们努力将 Facebook 变成用户的最佳平台，用以对世界产生重大影响，从其他用户那里学习。我们已经创建了独一无二的文化和管理方式，我们称之为"黑客方式"（Hacker Way）。

由于媒体将"黑客"描述成入侵电脑的人，这个词成了一个贬义词，这是不公平的。事实上，黑客的意思只是快速开发某样东西，或测试我们所能做的事情的界限。同许多事情一样，它有好坏两个方面，但我结识的绝大多数黑客都是具有理想主义的人，他们希望对世界作出积极贡献。

"黑客方式"是一种不断改进和创新的态度……黑客们试图从长

远角度构建最佳的服务，并且通过不断进行小规模创新而非奢望一劳永逸地解决问题来实现这个目标。为支持这一事业，我们已经构建了一个测试架构，在任何时间，这个架构都可以对数千个版本的Facebook进行测试。我们的座右铭是"行动比完美更重要"，提醒我们始终保持前进的动力。

黑客行为还是一种与生俱来的自觉纪律……黑客文化还非常开放，面向精英阶层。黑客们认为，最佳创意应该总能笑到最后。

为鼓励这种方法，我们每隔几个月就会举行一次"黑客马拉松"（Hackathon）比赛……为了保证我们所有的工程师分享这种办法，我们要求所有入职的新工程师必须接受一个名为Bootcamp项目的考验，他们会从中学习到我们的代码、工具和方法。业界有许多工程部门负责人不愿亲自动手进行编码，但我们正在寻找注重实践的人才，他们愿意也能够通过Bootcamp的考验。

专注与务实其实是黑客精神的两大最基本的要素，而这与扎克伯格与生俱来的个性是不谋而合的。

在Facebook公司内部，那些虔诚地信奉着黑客精神的工程师们被称作扎克教教徒。据媒体报道，扎克伯格在公开信中所提到的Bootcamp项目，就是一个集中训练营，培养所有技术人员都能与扎克伯格站在同一思维平台。当媒体揭露这个训练营的高强度工作和"洗脑式"训练时，Facebook的工程总监却专门撰文予以澄清，他表示，"从未让任何人像扎克伯格一样思考，只是让他们带着批判的眼光思考"，"没有下命令让员工通宵工作（Hackathon很有趣，但全凭自愿）"，"没有强迫员工每18个月转变一次团队。

有时候Facebook内部的黑客文化往往在关键时刻能起到意想不到的作用。2007年，Facebook与微软的谈判正在紧张进行，持续到晚上11点，谈判僵持下来。这时会议室的谈判者突然听到外面音乐声、欢呼声响起,出去一看,原来当晚是 Facebook 的"黑客马拉松"之夜。在这种活跃气氛的影响下,谈判者绷紧的神经放松,微软团队也见识到 Facebook 的与众不同,在谈判中终于做出让步,最终达成了协议。

在特立独行、崇尚自由的技术人员密集的公司,细想之下,媒体所揣测的强制性训练确实难以自圆其说,唯有兴趣驱使下的自愿才能带来持久的动力。

毕竟,迅速行动,勇往直前、追求完美等特质是工程师——这些真正的黑客们——内心深处不言而喻的共同理念。而正是这种持续改进的工作方式,使得 Facebook 始终保持着趣味性与新鲜感。

深受"被黑客"与"被剽窃"之苦

颇为讽刺的是,多年之后,当扎克伯格也建立了自己的网络王国,他的城堡也不可避免地存在漏洞,于是就为那些恶意的黑客提供了可乘之机。

2011 年 11 月,媒体上"社交巨头 Facebook 本周遭到黑客攻击"的报道引人注目。据称,由于黑客利用浏览器的漏洞疯狂入侵,在大量 Facebook 用户的页面上发布了色情和暴力图片、链接和视频,甚至还有诸多伪造的名人的不雅照等。在事发后的第一时间内,Facebook 进行了紧急处理,最大程度地减少了负面影响。

Facebook 的相关人士表示:"和其他 Web 2.0 网站、社交网站一样,Facebook 也经常难免遭到类似的网络攻击,但该公司一直在不断升级其服务系统,以保护用户免受垃圾邮件和病毒的干扰。"

黑客精神的变异,一方面证明了网络世界的繁荣与飞跃,同时也诠释着技术这把双刃剑所带来的尴尬与危害。

除了黑客入侵,Facebook 也同样深受"被剽窃"之苦。

毕加索的名言"优秀的艺术家复制，伟大艺术家剽窃"，就曾经被史蒂夫·乔布斯公开引用。乔布斯对此解释说："关键在于了解人类所创造的最伟大的事情，然后尝试着将其引入到你正在从事的事情中……我们从不为剽窃伟大的创意而羞愧。"

在美国高新技术产业，在风云际会的硅谷商战中，善于学习借鉴、吸取同行的灵感和精华从来都是一种心照不宣、无可厚非的创新传统。在 IT 业界，桌面电脑最具突破性的产品 Mac，事实却借鉴了施乐研究中心的创意，之后 Mac 又为微软公司的 Windows 提供了灵感和基本思路。在手机软件行业，最大的"剽窃案"莫过于谷歌的 Android 系统，其最早吸收了黑莓的精华，之后无疑又参照 iPhone 进行了模仿式的开发和设计。

那么，对于扎克伯格而言，在 2003 年的时候，他与哈佛大学的文克莱沃斯兄弟结下的恩怨情仇到底算是剽窃还是借鉴，就是一件说不清楚的事。但这样一种"伟大的剽窃"的传统似乎在 IT 行业永远都无法避免，扎克伯格更是对此不以为然。毕竟，市场需求是存在的，当需求越来越细化，满足需求的途径也就越来越狭窄，因此"撞车"就在所难免。

"拿来主义"是 Facebook 时刻保持时尚尖兵身份的法宝。不管是 Google 的"好友分组"，还是 Twitter 中的"关注"功能，Facebook 都毫不掩饰地拿来改良，然后为自身平台的用户提供最新的体验。

他山之石可以攻玉，Facebook 不仅从同行甚至竞争对手那里学习，还凭借着非常敏锐的感觉，从其他行业和领域中汲取精华，例如，从 Foursquare 中创新"签到服务"，从 Groupon 中克隆出 Deals 团购，Questions 问答服务取经于 Quora，群组聊天则来源于 GroupMe。

当 Facebook 从与 ConnectU 的纠纷中抽身，并不断地从各个领域中借鉴，成为一名集大成者引领潮流时，Facebook 自身也成为被模仿、被克隆甚至被剽窃的对象。

2008 年，Facebook 在美国加州起诉了德国社交网站 StudiVZ。与 Facebook 的借鉴相比，StudiVZ 则完全属于克隆，除了页面的颜色由蓝色变为红色之外，其他功能则是全盘复制。尽管如此，但 StudiVZ 依然反咬 Facebook 一口，称自己作为德国知名度最高的社交网站，是 Facebook 在德国的强劲对手，而 Facebook 在德国的发展没有如愿获得足够的市场份额，因此才出此下策来打击竞争对象。

与此同时，也有媒体披露，在 Facebook 与 StudiVZ 对簿公堂之前，前者的确向后者表示了收购的意向，但后者要价太高，Facebook 最终作罢。

事情的最终结局是，StudiVZ 给予 Facebook 一定的赔偿，从而可以继续以 Facebook 孪生体的方式正常运行。不论 Facebook 起诉 StudiVZ 到底是出于版权的保护还是一种商业竞争的手段，但是后者对前者的抄袭是显而易见的。

无独有偶，在俄罗斯、印度以及中国也同样有 Facebook 的翻版。印度网络公司的 Agriya Infoway 并没有建立 Facebook 式的网站，而是向用户提供一种类似的软件，单独进行出售。对此，该网络公司的负责人对侵权之说完全没有顾忌之心，他说："我们并没有窃取 Facebook 的内容或者图片。我们仅仅为客户提供类似 Facebook 的页面和体验。"而在国内，从校内网到海内网两次创业，王兴几乎成为 Facebook 中国境内的忠实模仿者。对此王兴也毫不避讳，他说："社交网站发展的核心问题不是创意而是执行。"这其实也表明，Facebook 最大的优势并不是网站功能的独一无二，而是其已经累积起来的庞大用户群体及其使用习惯。

在互联网知识产权保护尚未完善的当下，同时处于抄袭与被抄袭的纷争之中，Facebook 也并不愿意花太多的精力在这些无谓的纠纷当中。

CEO 渐入佳境?

在争议与错误中蜕变

当初在创建 Facebook 时的不正当行为,并没有让扎克伯格有所收敛。据说,在他辍学创业之后,得知哈佛校园报《哈佛深红报》将对他进行一系列报道时,扎克伯格还曾入侵了该报两位编辑的 Facebook 账户。

多年之后成为新一代青年偶像时,对于这些陈年旧事,扎克伯格并没有否认。其中最引人眼球的依然是已经被炒得沸沸扬扬的早期"剽窃案"。其中扎克伯格被揪住不放的一条"小辫子"是,当年率性而为的他也曾经入侵到对方网站系统内,进行了些许的小动作。

对于这件陈年往事,在 2010 年 PBS 的访谈节目中,扎克伯格给予了坦诚的回应。当时,主持人斯塔尔访问扎克伯格的夙敌——双胞胎文克莱沃斯兄弟的片段被播出,两人在采访中言语狂躁,行为夸张,咄咄逼人,"我们同意他参与这个工程,他破坏了它,背叛了我们,他是有预谋的"。

尽管在当时,两人早已获得巨额赔款,案件也已和解,但是他们依然不依不饶。面对如此难堪的场面,面对成千上万的电视观众,扎克伯格并没有出言反击,他只是表现出几分无奈以及淡定。他说:

"他们让整个诉讼看起来好像成了 Facebook 历史中的一大部分。但其实整个诉讼我花了不到两星期的时间去担心，经历过这一些之后，如果他们感觉糟糕，那我感觉也很糟糕。"

2010 年初，沉渣泛起，媒体再次将当年扎克伯格的黑客行为推向舆论的焦点：

部分律师表示，根据美国联邦和州政府的法律，Facebook 创始人兼 CEO 马克·扎克伯格（Mark Zuckerberg）2004 年入侵他人邮箱和用户资料的行为有可能会被判重罪，最高将面临 5 年刑期。

电子前沿基金会（简称"EFF"）首席隐私律师凯文·班克斯顿（Kevin Bankston）表示，扎克伯格早年的黑客经历已经违法。他说："入侵他人电子邮件有可能会触犯联邦刑法有关电子隐私监管以及禁止电脑欺诈的规定。根据黑客的动机，有可能会被判处重罪，最高会面临 5 年的监禁。"

最终，事情归于平静，律师们所谓的判处也仅仅停留在了可能性分析的层面，但是扎克伯格却从此有了"黑客 CEO"之名。

在 2005 年的时候，扎克伯格就意识到自己是个幸运的人。

在接受了阿克塞尔合伙公司投资的当晚，哈佛辍学生扎克伯格就成了名副其实的百万富翁。为了与女友分享胜利的喜悦，他凌晨开车前往伯克利大学，去与女友会面。半路上，扎克伯格把车停在东帕洛阿尔托一个加油站加油。那是一个穷困社区，人烟稀少。正在扎克伯格加油时，一个年轻人手持着枪，朝他走过来。不知是因为醉酒还是吸毒，这个年轻人有些摇摇晃晃，说话含含糊糊，大概是想抢钱。这时，扎克伯格迅速钻进车内，踩下油门，迅速逃跑。

因为对周边环境的分析错误，在这样一个凌晨停靠在一个无人的加油站，扎克伯格才险遭劫难，幸亏最终虚惊一场。

在 Facebook 8 年的发展历程中，扎克伯格也总是在不断的虚惊中前行，然后成长蜕变。面对这些争议甚至错误，扎克伯格坦然面对。

2009 年，扎克伯格的年度计划是每天打领带，这似乎就注定了 2009 年是容不得半点放松的一年。

仅仅在 2009 年上半年，三大事件就把扎克伯格推向了风口浪尖：Facebook 新版服务条款被指责为"霸王条款"，新版页面遭到公司内外一致反对，首席财务官因与扎克伯格意见不合而辞职。当时有人在博客中呼吁"扎克伯格应该承担责任，引咎辞职"，甚至有媒体在头版直接登出"扎克伯格，离职离职"的标题。

2010 年在一次大会的现场采访中，面对观众的尖锐提问，扎克伯格显得非常真诚，他勇于承认和面对过去的失误，他还自勉式地表示："你或许犯过许许多多的失误，我过去犯过，将来肯定还会失误……如果 Facebook 的故事真有什么不同寻常之处的话，那就是 Facebook 很好地彰显了一个道理，如果你正在构建一个大众喜爱的产品，你就可能犯许多错误。"

曾经因为创业伙伴的频频离职，扎克伯格的管理能力也被受到质疑，2011 年，扎克伯格做了一场关于团队管理的演讲，真诚地谈了自己的体会。他回忆说："当时是我和室友达斯汀以及其他一些人，坐下来一步步进行一个项目，完成它，然后再设计下一个项目。我们各干各的，很少向他人寻求帮助，但我们都试图找到一种方法去改变这种状况，尤其当你就是正在写程序的人之一时，也就是说，假如我们有 8 个天才，怎样能使他们工作得最高效呢？怎样能最大限度地发挥他们的聪明才智，这是个有趣的问题，但我不能传授给你们什么诀窍，因为我也还要摸索几年。"通过这番话，扎克伯格也是想告诉世人，创业伙伴的离开并不会全是因为他的原因，而是为了最好地发挥自我的价值。

面对现有的团队，他说："去年大部分时间我们还都是围在我的餐桌旁工作，很有趣。我记得在今年二月的时候，我们有了自己的办公室，所有人都转移到那里工作，很有意思。平生第一次，当我抬起头，看到一队高智商的工程师在为我工作，用不同于以往的方式创造新产品。我觉得很自豪。"

自我挑战式成长

年轻是扎克伯格的最大资本，也是他作为 CEO 要面临的最大质疑。

这个"大男孩 CEO"有一项重大任务：带领 Facebook 不断向前，实现自我成长。

内敛的扎克伯格也总免不了有张扬的时刻。2007 年一次午夜加班的时候，扎克伯格与助手突然聊了开来。助手问他："扎克，用了这么久的 Facebook，你收获了什么？"

这时，扎克伯格哈哈大笑，他告诉助手自己收获了大量哈佛美女的资料，"如果你需要哈佛里任何人的资料，尽管跟我提，我有4000 多个邮件、图片和地址"。

助手充满好奇地问道："天啊，你怎么搞到的？"

扎克伯格流露出少有的得意，他说："我也不知道怎么搞的。他们就是相信我，一群傻……"

之后不久，这段对话登上了美国的八卦杂志。公众的辱骂和用户的质疑接踵而来。对于 Facebook 而言，这是一次创始人的形象危机。公司高层立即开会讨论，当时大家都表示扎克伯格需要出面进行解释和澄清，正当大家等着他点头同意时，扎克伯格一言不发，然后丢下一句话，"我懒得解释"，愤然离去！

到了 2010 年，当《纽约客》旧事重提时，扎克伯格终于若有所思地承认："如果你要建立一个有影响力的线上服务，并且希望人们都信赖它，你就必须变得成熟……我已经长大了，并且得到了许多教训。"

的确，在经历"动态新闻"、"灯塔事件"、"服务条款修改"所引发的多次公众危机之后，扎克伯格的危机公关能力有了极大的提高。他在逐渐改变自己的莽撞与狂妄，尽管有些改变对他而言就如同挑战一般。

对于自己的年轻，扎克伯格有着非常清楚的认识，因此在早期创业期间，他常常想尽办法与各种经验丰富的 CEO 接近，与他们面对面交流，比如微软的比尔·盖茨，英特尔公司的保罗·奥特里尼，还有华盛顿邮报的格雷厄姆。后来，桑德伯格这位"家长式"的首席运营官的到来，让扎克伯格耳濡目染，渐渐成长起来。

2011 年接受《华尔街日报》采访时，他表示，随着 Facebook 的发展，自己也的确在管理能力上有了很大的提升，"我如今能够很好地判断出，对于不同类型的工作，哪类人更能够胜任。在我们从一个拥有 50 到 100 人左右的企业逐渐成长到如今这个规模的过程中，这方面的经验是我之前从来没有过的"。

近几年来，不仅是在工作上，而且在日常生活中，扎克伯格也在为自己制定各种挑战任务。

2009 年的第一天上班，Facebook 的员工惊讶地发现，当天的扎克伯格居然穿了一件白色的衬衣，还非常正式地戴着领带。他表示，"这将是严肃的一年"。其实他为自己设计了一个年度挑战计划——每天戴领带。

2010 年，扎克伯格将"学习中文"设为自己的挑战目标。他要求自己每天用一个小时来学习中文，最终这个习惯被保持了下来。他说："我一直觉得，学习新语言富有挑战性，所以我想接受这一挑战并要试图学习一门有难度的语言。不过，这段经历让我锐气大减。

学语言时，你绝不可能像处理其他问题那样，只是搞清楚就行了，你必须不断练习。"

到 2011 年，扎克伯格的目标更加有挑战性——只吃自己宰杀的动物的肉。对于这种挑战，他是怀着感恩的心情来体验的，他说："我现在会吃很多更健康的食物，同时还学习了很多有关可持续农业和动物养殖的知识。此前，我们每天都能吃到不错的食物，所以很容易认为我们吃到这些是理所当然的。"正是因为宰杀动物的残忍，扎克伯格基本变成了一个素食者，他说："很多人已经忘了，要吃肉，就有动物要为之牺牲。"

在任何场合下，扎克伯格都是 T 恤衫加毛绒夹克的造型，当时他真的愿意让自己显得成熟起来。2011 年，奥巴马造访 Facebook 总部时，他终于脱下自己那标志性的橡胶夹板拖鞋，换成了慢跑鞋，并穿上西装打上了领带。因为，随着 Facebook 上市提上议事日程，投资者们又再次开始关注扎克伯格的成熟度问题。

很幸运的是，扎克伯格早期所遇到的投资人都对他非常赞赏。2007 年，有媒体记者询问 Facebook 的天使投资人彼得·泰尔："Facebook 是否考虑过何时上市？可以确定的是，华尔街不会接受一个只有 20 岁出头的 CEO。"当时的泰尔不假思索地呛了对方一句："那我们等到马克 25 岁时再上市。"

Facebook 最早的董事、扎克伯格的良师益友詹姆斯·布雷耶也同样拥戴扎克伯格，他认为，这几年扎克伯格的表现以及 Facebook 的发展都在证明，"年龄问题越来越无足轻重了，能力、热情、强烈的好奇心以及极高的智商更重要些"。

虽说婚期早已定好，但在上市之后的第三天照常举行婚礼，也似乎是想通过此举告诉投资者：Facebook 上市伊始的窘况并没有让这位创始人感到惊慌，28 岁的他已经足够淡定和成熟，一切都在他的掌握之中。而众多扎克伯格的拥趸们则更加笃信：他们心目中的偶像，"胸有激雷而面如平湖者，可拜上将军也！"

精彩表现时有发生

2007 年 5 月 24 日，是 Facebook 史上一个值得纪念的日子，在这一天首届 F8 开发者大会举行。作为"打造一个网络软件平台"的提出者，扎克伯格将在大会上进行一场演示，这对害羞的他来说是一件非常困难的事情。

因此，在演示开始前的几分钟内，他还在对 PPT 不停地进行修改，因为他实在太紧张了。那一天，他依然穿着标志性的 T 恤衫、羊毛外套和一双阿迪达斯的夹板凉拖。当他登上台去，对着麦克风说："携起手来，让我们掀起一场运动吧！"整个大厅里数百名观众都感受到了一股难以抑制的激情。

接着他在台上演示 PPT，但是尴尬出现了，因为他之前的修改，PPT 没有与他的讲解同步，他稍微停顿了一下，表情顿时更加紧张，突然他说了一句："呃，这在我的办公室里很正常……"这样一句自嘲，很快把麻烦给应付过去，演示顺利完成。《Facebook 效应》的作者说，这是扎克伯格所做过的最出色的演示之一。

随着 Facebook 的影响力越来越大，扎克伯格面对公众的时间也越来越多。2008 年 10 月，在西班牙纳瓦拉国立大学，扎克伯格进行了一场 1 个小时的演讲。当时，400 个座位的礼堂挤进了 600 多个学生，这些扎克伯格的粉丝们无比热情与疯狂。当演讲结束，扎克伯格坐着汽车离开，甚至有数位女学生跟着汽车一路追随。直到扎克伯格答应与她们合影，她们才心满意足地离开。扎克伯格助理揶揄他说："你现在可是个摇滚明星了。"

尽管粉丝越来越多，但扎克伯格作为一个 CEO，经常会面临公众的批评，说他在面对媒体时表情紧张，言语混乱，反应笨拙。不少扎克伯格的粉丝甚至注意到，在 2010 年 6 月，他参加道琼斯 D8 会议，在接受采访时紧张得好像要晕过去一般。

2010 年 11 月 Web 2.0 大会在旧金山召开，在现场访谈环节，扎克伯格一扫昔日的紧张，表现得落落大方，从容不迫，在场的人无不感叹。

有现场观众提出了尖锐的问题，认为 Facebook 在推出新的服务或功能时，总是先兵后礼，把用户并不待见的功能推出来之后再要求用户适应和理解。这时，扎克伯格微微一笑，他把针对 Facebook 的质疑转移到了整个 Web 2.0 领域，他说这是众多互联网企业需要共同面对的问题，然后他又非常婉转地表达了自己的观点，"坦白地说，这正是使用 Facebook 为何如此带劲的原因之一，我们正处于这些未决议题的最前沿"。

当谈到各大互联网公司的势力范围时，扎克伯格反应非常敏捷，他说："未知的领域——有待探索或发现的互联网领域——应该是地图上最大的一部分。"他轻松地把问题的焦点转移了。

对这一次访谈，扎克伯格的粉丝们反应非常强烈，有人说："我敢向上帝发誓，这绝对是扎克伯格表现最好的一次受访活动！"还有人说："扎克的表现酷毙了！"甚至有软件开发商的负责人感叹："每一次马克发表讲话时，对于他们正在开发的产品，他似乎感到越来越自在、越来越兴奋了！"投资者也看到了扎克伯格的变化，他们说："马克通过了成熟公司的 CEO 测试：他口齿伶俐、处变不惊，甚至被问及无可辩解的问题时也能从容地捍卫自己的观点。"

人们惊喜地发现，昔日那个木讷、害羞、呆板的男孩已经渐渐长大。

2010 年 12 月，扎克伯格又一次出现在公众面前，接受了 CBS《60 分钟》节目的访谈。

在互动环节，主持人斯塔尔的问题非常尖锐，她说："在 Facebook，为什么员工之间相互称对方黑客？"在很多人看来，黑客是破坏者、侵犯者，对此扎克伯格微笑着进行知识普及，他说，在传统的极客文化中，黑客是用来形容技术行家、高手，而并无贬义。

在电视画面中的扎克伯格目光不再呆滞，与主持人和观众有了目光的交流，很显然，他已经学会了在公众面前保持放松。

在回应主持人提到的"从 Google 挖人"的问题，扎克伯格没有表现出紧张或者尴尬，也没有进行正面的辩解，他只是轻描淡写地说："有些领域内我们的确存在竞争关系，但还有很多领域没有。"

当时正值电影《社交网络》热映，这部电影把扎克伯格塑造成了一个阴险、恶劣、奸诈的角色，当斯塔尔询问扎克伯格的看法时，他幽默地回答："很有意思，看看电影里哪部分是对的，哪部分是错的。我认为 T 恤没错，这些 T 恤我都有，凉鞋的款式也没错。"随即，他把语气稍稍加重，说："有很多基本的东西他们搞错了。"但是整个过程他表现得很淡定，非常放松。

毋庸置疑，扎克伯格的公众应对能力离不开相关的培训和学习，但这也是他自我努力的结果，值得赞赏。

世界向他走来

中国欢迎"脸谱"吗？

"如果不能把有着十几亿人口的中国涵盖在内，又何谈'连接全世界'？"尽管目前来看，Facebook 进军中国的计划还在酝酿中。在 Facebook IPO 的文件上，中国市场的战略被多次提及。显然，扎克伯格不愿意放弃这块大市场。

在中国这块诱人的市场上，已经有不少美国同行折戟沉沙：Google 抱憾退出，eBay 转手出售。这些案例都在提醒扎克伯格，要三思而后行。而中国本土的社交网站也在暗示扎克伯格不要轻举妄动，对此，Facebook 在 IPO 文件上坦言："如果未来我们能够进入中国的话，还会面临来自人人网、新浪和腾讯等公司的竞争。"

为了进军中国市场，扎克伯格也在步步为营。2005 年，Facebook 已经注册了".cn"的域名；2008 年初，Facebook 接受李嘉诚投资 1.2 亿美元，据称与投资同时达成的是 Facebook 平台日后与和黄的手机业务的合作；同在 2008 年，简体中文版本 Facebook 推出；2010 年初，Facebook 香港办事处成立，主要负责当地广告客户业务。

另外，因为拥有一位华裔女友，扎克伯格能更方便地了解中国市场，他甚至在坚持每日学习中文。近两年来，扎克伯格曾两度来访中国。

2010 年底，在女友的陪同下，扎克伯格开始了他的中国度假。尽管 Facebook 对外表示是私人性质，但扎克伯格中国之行遍访中国互联网和移动电信巨头，其中包括百度、新浪、阿里巴巴和中国移动等公司。

之后，"Facebook 与百度等中国互联网公司建立合资企业，然后把社交网络作为其中一个部门来运营"等小道消息传出。于是人们纷纷猜测，Facebook 走向中国的脚步越来越近了。但事后 Facebook 并没有发出任何关于合作的正式消息，不免让人心生失望。

"百度可能会与 Facebook 展开合作"的消息之所以看起来有几分可信，那是因为扎克伯格与李彦宏在百度食堂共进午餐的照片在微博上疯狂流传。但事实上，扎克伯格与李彦宏早已结识，此次见面也仅仅是好友叙旧，同时扎克伯格向李彦宏了解了一些中国互联网市场的情况。

在 Facebook 递交了 IPO 申请之后的 2012 年 3 月，扎克伯格与女友在中国上海街头现身，此行似乎真的是纯旅游性质，因为他只是与女友逛街，然后在苹果零售店体验了一番，并没有更多行动。

在 Facebook 内部，对于进入中国市场的态度也存在各种分歧。包括桑德伯格在内的大部分 Facebook 高管，都对扎克伯格的中国梦不抱支持态度。

曾经在 Google 任职的桑德伯格非常清楚，Facebook 入华是个异常复杂的问题，她说："进军中国市场我们就要做出让步，但不进入中国市场我们仍然需要做出妥协。目前我还没有确定孰轻孰重。"鉴于 Google 在中国的种种遭遇，桑德伯格心有余悸。但桑德伯格也不得不承认，"我们的价值观是联结世界，而中国市场的空缺让我们失去了很大一部分世界人口"。

分析 Google 的失败案例，不难发现，Facebook 进军中国最根本的两大问题是政策因素和用户使用习惯。Facebook 在隐私保护问题上存在先天性的缺陷，面对中国互联网严格的审查制度，Facebook 很有可能重蹈 Google 的覆辙。同时，与 Facebook 所倡导的公开、透明、分享的理念有异的是，中国人保守的心态以及诚信的缺失都说明，实名制的推行以及个人信息的分享都还是一道难以逾越的坎。

因此有专业人士分析，最好的办法是：Facebook 在中国找到一个搭档，分工协作，政府关系以及用户习惯引导都由中方合作者来负责。

这一分析很快激发了中国互联网企业的热情。2011 年 11 月，新浪 CEO 曹国伟等人访问 Facebook 美国总部。据说在此期间，曹国伟与扎克伯格进行了密谈，表达了合作的意向，希望以此来对抗腾讯。

Facebook 上市之后，当面临用户增长与利润增长的压力时，一个网民数量已经超过 5 亿的市场，显然是其必争之地。Facebook 进入中国的进程必然会快马加鞭。

独裁者

外界对扎克伯格的误解五花八门，甚至刚刚加入 Facebook 的员工也会对其有误解。

一般新进员工都把扎克伯格视为一名独裁者，因此他们很少敢于发表自己的看法，更不敢顶撞扎克伯格。一位在 Facebook 工作多年的工程师在备忘录里写道："我从自己在 Facebook 工作的经历中得出的印象是，他非常愿意作为普通一员参与就公司某项产品正在进行的讨论，而不愿以在公司说一不二的人自居。"当然，他也指出，在对项目提出质疑的同时，最好准备一份替代性解决方案。

扎克伯格并不是一位感情用事的人，一般的工程师对精心打造的项目总是带有浓厚的感情，但"每次扎克伯格评估一个产品时，都好像是在用全新的眼光加以审视，他不受其他产品如何或现有产品如何的羁绊。他不在乎自己昨天说过什么，即使他眼前展示的是同一个产品。他每次都是从基本原理开始考察。"

当然，扎克伯格的强势也体现在他"喜欢挑刺，紧迫逼人"。在这位工程师的备忘录里，他写道："扎克伯格喜欢挑战别人，以便在更短的时间内完成更多的工作，超出我们可能认为的合理水平。我们或许不能达到他的要求，但我们常常会出乎自己意料，完成比自己想象得更多的工作。"

他这种强势不仅体现在内部管理，甚至对于用户，他也曾经说："最具颠覆性的企业无需听从用户的意见。"他甚至暗示，"如果公司事事都听从用户意见，可谓愚蠢之极"。当然，他为自己的这种自负也付出了代价。

在 Facebook 提交的 IPO 申请中，最奇怪的一点是：对于将发行多少股票，申请书中并未明确说明，反而明文规定马克·扎克伯格——其创始人、董事长兼 CEO——将"对需要股东通过的事务的决定结果拥有控制权，纵使其持股比例远远没有达到大多数"。因此研究机构预计：Facebook 此次史上最重要的公开发行股票，其流通股比例可能将低至 5% ~ 7%。

这意味着，这位年龄不满 30 岁的 CEO 再次为自己的"绝对控制权"筑建了保护的围墙。上市之后，扎克伯格的投票权将高达57.1%，而且对所有董事会成员拥有任命权，对继任者拥有指定权。

在有人佩服他的坚持、不为"五斗米折腰"时，接踵而来的也有专业人士和机构对扎克伯格"独裁统治"的强烈质疑。

国际股东服务机构是一家企业治理监督机构，这里的研究员们认为，Facebook 内部管理采用了"倒退的治理机制"，而且双轨制的股权结构，使得"扎克伯格把持的投票权与其相关经济利益极度不相称"。

尽管扎克伯格的领导能力已经被得到证明,"在公司进行 IPO 的
当口,让创始人掌控 Facebook 的表决权似乎是一个明智的策略。毕
竟,他对公司愿景绝不妥协的态度,在很大程度上被认为是驱动 Fa-
cebook 取得今天成就的关键因素"。

但是国际股东服务机构在报告中同时指出,这种"专制的治理
模式",是"一种防什么都不防骄傲自大的治理模式,道德风险或激
励机制是主要问题所在……独裁治理模式会使公司的生存发展能力
不及其竞争者,即给予股东与其自己关涉利益相称的投票权的公
司",而且"普通股股东由于所持股票与最终获得的投票权不相称,
因而面临着经济利益的稀释"。

在国际股东服务机构言之凿凿的同时,法律服务网的创始人查
理·摩尔也专门撰文提议,"在建立一个企业王朝的过程中,Face-
book 董事会应当引入独立董事,现在是最好的时机"。

在进行 IPO 之后,控制权依然牢牢掌握在创始人手中的模式,
在硅谷早已有之,谷歌、LinkedIn、Groupon 和 Zynga 等都是如此。
不同的是,在谷歌,控制权是由拉里·佩奇、谢尔盖·布林和埃里
克·施密特三人共同持有,在其他公司也是权力得到了制衡,不存
在一个人就能单独任命和解雇董事的情况。

扎克伯格的目的只有一个:确保 Facebook 能专注于自身长期使
命,而不被华尔街操控,一心只向短期利益。

这是一种非常理想的状态,在实践中也有可能物极必反,这种
高统治权也就意味着高风险。一旦公司上市,创始人将要接受公众
全方位的审视和监督,一旦创始人一意孤行,出现错误性的决定,
企业也许就可能走向万劫不复的深渊。

在 Facebook 的发展过程中,已经有多名创始人和高管因扎克伯
格的独断专行而离职。甚至在 IPO 之后,扎克伯格依然一个人在 3

天之内就做出了 Facebook 史上最大的收购决定——10 亿美元购买
Instagram。尽管目前来看这并非一个错误的决定。

在扎克伯格的高度"独裁"下，也许所有的投资人都将要过上
一种提心吊胆的生活。

后记 **facebook**

期待中国的扎克伯格

出生于 1984 年的青年偶像扎克伯格如果生在中国的话，那就是典型的"80 后"。

所谓"80 后"，是指中国有史以来第一次用法律限制人类生育后，自 1980 年以后所出生的独生子人群，他们面临着特别的生活、成长、文化发展问题。由此定义，80 后的幸与不幸都已明了。

生于 20 世纪 80 年代的中国，加上改革开放的时代背景，这一代人被打上了深深的时代烙印。"垮掉的一代"、"最没责任心的一代"、"最自私的一代"、"最叛逆的一代"，随着 80 后逐渐成为社会的主力军和中流砥柱，这些负面的指责一个个被打破。但背负在 80 后身上的压力与 80 后对自我的期望之间，依然有着鸿沟。这种梦想与现实的差距，随着 80 后青春的一去不复返，留下了太多的遗憾。

毕竟在中国的 80 后中，至今依然没有出现扎克伯格式的人物。

纵观今天的中国互联网世界，有两批人处于权利和财富的金字塔顶端。以张朝阳、曹伟国、马云、李彦宏为代表的 60 年代人，他们掌舵的是中国门户网站、电子商务、搜索引擎；之后的 70 年代人，丁磊、马化腾、陈天桥、刘强东以及开心网的程炳皓、3G 门户的邓裕强等，又横跨了门户、电子商务、网络游戏、社交网络、3G 视频等各个领域。在这些领域中，80 后严重缺席。

在中国互联网的三次浪潮中，第一次是门户网站，第二次是搜索引擎、网游、电子商务，第三次则是社交网站、移动互联网，目前还处于第三次浪潮中。如果说错失前两次机会的客观原因是 80 后生不逢时，那么在第三次浪潮中缺位的原因则是 80 后的自我束缚与急功近利。

在压力面前，80 后迫不及待、心急如焚，在第三次浪潮中一味地勇往直前，拼的是自己的激情，但是他们并没有准备好技能、储备好资源，而那些韬光养晦、埋头苦干多年的 70 后甚至 60 后，已经在互联网行业摸爬滚打、蓄势待发，一旦机会来临，他们便迎头而上，成功也是水到渠成。

相比之下，扎克伯尔的成功也并非传奇，他的故事也不外乎契合了天时地利人和——中国古老而朴素、放之四海而皆准的成功三原则。

在中国 80 后正在象牙塔里为考试伏案苦读时，扎克伯格已经在哈佛的宿舍里起步，集结了一帮志同道合的同龄人，并恰到好处地赶上了美国互联网的一次新浪潮——社交网站，义无反顾地追逐着自己构想的"乌托邦"——公开透明的网络分享世界。当时美国早先一拨互联网创业者都还沉浸在微软、Google 打造的垄断世界里，社交网络的创业者几乎都是 80 后人士，他们的异军突起得益于少年时期的计算机启蒙，得益于美国教育制度的自由开放，也得益于个人的智慧与勇气、坚持与梦想。

换言之，即使没有扎克伯格，依然会有一个 80 后来代替他缔造这样一个帝国。

这不是一个传奇，风光、权力与财富背后充满了背叛、诉讼、纷争，以及扎克伯格个人的妥协甚至瞬间的放弃。他并非一个完人，他的内向孤僻、不善言辞、一意孤行、理想主义等都是长久以来饱受质疑的焦点。

完美的创业者不是天生的，乔布斯如此，扎克伯格也如此。

创新工场创始人李开复认为，"中国还没有准备好接受像扎克伯格那样的创业者，而中国社会对失败者是不支持的，而且现在的中国也很难找到具有奇思妙想的 20 岁大学辍学生"。但中国的 80 后不应该被这些客观环境和条件束缚，这些环境对 60 后和 70 后的创业者来说也是同样存在的。

中国社会应该相信 80 后的能力，80 后也应该相信自己的智慧，总会有方法破除重重限制，化解种种难题。在互联网的世界中，潮来潮往，80 后要无可奈何地面对即将逝去的青春，但他们还有机会，中国的扎克伯格也许就将在他们中间产生。

附录 **facebook**
扎克伯格如是说

扎克伯格语录

【励志】

●专注于与所爱的人建立良好关系，没有人能够一臂擎天。伟大的友谊令生活富有乐趣和意义。

●如果做你所爱的事，你在逆境中依然会有力量。而当你从事喜爱的工作时，专注于挑战要容易得多。

●不能靠一时的灵感或才华，而是需要一年又一年的实践和努力，凡是了不起的事情都需要大量的努力。

【管理】

●任何人在运营一家公司时都会犯错误，我也不例外。

●开设一家像 Facebook 这样的公司，或是开发一款像 Facebook 这样的产品，需要决心和信念。所有值得做的事都是十分困难的。

●很多公司都会开发视频聊天这样的功能，但 Facebook 的竞争对手还必须要首先打造自己的社交图谱。Facebook 的工作就是保持创新。

●做最好的、最简单的、能让用户使用最方便的方式分享信息的产品。

●很多公司经营的网站都声称立足于社交网络，他们的网站大同小异，提供的都是约会地点、媒体信息，或者类似交流社区的信息，但是 Facebook 旨在帮助人们理解这个世界。我们肯定不会效仿门户网站，让用户尽可能多地在网站上消耗时间。我相信 Facebook 未来一定会有盈利的。

●这不是钱的问题，它是我的孩子，我想将它一手带大。

●当我们要做有争议的改变时，投票意味着我们在对用户负责。我们要与他们开诚布公地沟通，我认为这样会让我们保持诚信。

●大量优秀人才加入 Facebook，是因为受到了公司文化和影响力的吸引。我想不出还有哪一家公司能像我们这样，一位工程师为 100 万以上的用户提供服务。

●我认为购买或出售一家公司跟好事和坏事没有必然的联系。我只是觉得，你需要认识到经过交易后，你发生了哪些改变。所以其实我想会有很多令人信服的理由，一个人为什么要去出售一家公司，为什么要达成他们的目标。

●人们喜欢说这是场战争。其实有很多方式可以让公司相互合作，在那里就有真正的竞争。但我认为不会有一家公司赢得一切的情况出现。我认为 Google 在某些方面更有竞争力，他们确实也在努力打造一个他们自己的微小版 Facebook。

●作为一家技术公司，我们的当务之急就是在全球物色最好的工程师和设计师以及各种人才。要网罗这些人才，你就需要给他们提供相应的股权激励，让那些想要加入我们的人，不仅肩负 Face-book 赋予的神圣使命感，"联系世界上的每一个人"，而且，在 Face-book 经营状况好的情况下还能够获得相应的物质报酬。

●我真的很幸运，因为相当多的公司在经历一个像那样艰难的决定后，可能会经过数年时间才知道你做出了正确的决定，而在这个故事里结果来的却非常之快。

●试图去创造未来几十年内产生价值的东西才是正确的决策，我们的许多改变都是以这样的一个时间跨度来决定的。

●我经常在公司里说，我的目标绝不仅是创造一家公司。许多人都误读了这一点，仿佛我不在乎收益、利润或是任何类似的东西。事实上，要获得任何意义上的成功，这些东西都是必不可少的。建立一个良好的经济引擎能够使所有这些平台公司、广告商们和其他伙伴公司都能够生存，并且成为整个生态系统的一部分。不仅要完成这些，还要做出能够使整个世界真正有所改变的东西。

【分享】

●今天这个世界的透明程度将不会再允许一个人拥有双重身份。

●我们进行了一番思考，决定把 Facebook 的核心价值定位在勾勒朋友之间的关系上，我们所谓的社群地图，在数学意义上就是一系列的节点和路径。节点就是个人，而路径就是朋友关系。我们拥有整整一个时代里最具威力的信息传播机制。

●每隔一百年，媒体就会发生一次变革。上一个百年被定义为大众媒体的百年。而在下一个百年里，信息将不仅仅是被推销给人们，而是在人们所处的无数个连接中被分享。没有什么能够比来自一个值得信任的朋友的推荐更能影响人们的消费行为了。"信任推荐"就是广告界的圣杯。

●最大的问题就是如何引导用户接受必须经历的持续改变，我们在发布任何主要的新产品时，总会遇到一些强烈抵制。我们需要保证在继续强势地发布新产品的同时，管理好这个巨大的用户群。我希望能够继续打破种种极限。

●我们最该做的就是和周围的世界一起平稳前进，要不断有竞争，但不能筑起藩篱。但目前为止，我们认为大部分的分享无论如何都将会在 Facebook 之外出现，所以衷心鼓励这样的发展。我不能够保证我们会成功，只是觉得如果不这么做，最终我们是会失败的。

●我们的项目仅仅是开通了一条帮助哈佛人分享更多信息的道路。这样一来，大家就能更多地了解到校园里发生了什么。我想做到这一点，所以建立了能得到所有人信息的渠道，而且每个人也都能与人分享自己希望共享的一切信息。

●让人们更加公开自己是一个巨大的挑战，不过我认为我们能行，只是需要时间。对于许多人来说，"你分享得越多这个世界就会越美好"的概念听上去很像是一种难以理解的思想，在这里你会碰到难以跨越的隐私壁垒。

●Facebook 的用户拥有并且管理自己的信息，我们不会用你不希望的方式传播你的信息。

●上千万的用户在一个网站上分享如此多的个人信息，很多人对其背后的安全保障产生怀疑，对此我完全理解。即使我们过去在个人隐私保护方面无可指责，我认为还是有很多人会理直气壮地对他们的隐私怎样得到保护产生质疑，这对很多人来说意义重大。

●每一天，我都把自己看成是 Facebook 这个大社区的一个乘务员，一个服务人员，背负着公众的信任。

●世界将会变得越来越透明，这种趋势会是未来 10 年～20 年所有变化的动力。你问人们如何看待透明度，人们脑海中的画面是很负面的——一个充满监视的世界图景，人们可能会描摹一个反乌托邦的未来，透明度会导致集权还是权力的消解？我确信更大的透明度将是不可避免的趋势，但是坦白地说，我不知道其他部分是如何运作的。

●这是未来 10 年～20 年里最重要的问题之一，如果世界朝着越来越多分享的方向前进，就一定要确保它以一种自下而上的方式发生，而不是集中的方式，人们自行把信息放在网上，并且自行控制他们的信息和整个系统的交互，而集中的方式会导致人们被一些监控系统监视，我认为这对未来世界很重要。

●Facebook 反对 SOPA 和 PIPA，我们还将反对任何会伤害互联网的法律。互联网是创造一个更加开放和连接更紧密世界的最有力工具。我们不能让未经深思熟虑的法律阻碍互联网的发展。

【人物】

关于肖恩·帕克：

在 Facebook 从一个大学项目转化为一家真正公司的过程中，肖恩起了枢纽作用。或许更重要的是，肖恩帮助我们确保，任何有意投资 Facebook 的人，不仅是在投资一家公司，还是投资一个使命与愿景，即通过分享使这个世界更加开放。

关于桑德伯格：

没有桑德伯格的 Facebook 将是不完整的。

关于比尔·盖茨：

比尔·盖茨是个非常有天分的人。这个世界上有很多有天分的人，但不是每一个都能开公司。有些人成为博士，用他们的方式改变世界，而我是扎克伯格。如果外界非要给我戴上"盖茨第二"的帽子，那是你们的一厢情愿。我为什么要成为比尔·盖茨？微软靠 Windows 和 Office 发家，而承载我梦想的是互联网，更具体地说是 Facebook。

关于乔布斯：

史蒂夫，谢谢你，你是一个朋友，也是导师，谢谢你向我们展示了你可以如何改变世界，我会思念你。

扎克伯格公开信与博客文章

2009 年 7 月用户突破 2.5 亿时，扎克伯格发表的博文[①]

从今天起，将有 2.5 亿人使用 Facebook 来更新自己周围发生的事情，并与他人分享自己的生活。我们增长速度飞快且令人振奋，这也证明，各地的人们都意识到了通过 Facebook 与自己所关心的所有事情建立联系的力量。

Facebook 自始至终就不只是一个网站，它是想让所有人都使用，并让人们了解一切对自己有用的东西。正是你们——这 2.5 亿用户赋予了 Facebook 生命，并使得这个网站对所有用户都有意义，所以我们感谢大家。

通过使用 Facebook，你可以与朋友和家人联系起来，关系也将更为密切。而每个加入 Facebook 的用户都在通过这一举动改善 Facebook。对我们而言，2.5 亿用户不仅是一个令人振奋的数字，同时还标志着大家一同建立起了多少个人联系，也表明 Facebook 在拓展与全球数十亿人相互联系的能力方面走了多远。

所以在庆祝第 2.5 亿名用户的到来之际，我们还将继续发展 Fa-

---

① 鼎宏，《扎克伯格：Facebook 活跃用户数突破 2.5 亿》，新浪科技，2009 年 7 月 16 日。http：//tech. sina. com. cn/i/2009 − 07 − 16/08573268123. shtml

cebook，从而以最有效的方式为全球用户服务。这意味着，无论你身处何处，无论是通过 Facebook Connect、新的移动产品或是其他 Facebook 产品，你都可以与全球各地的人取得联系，而我们仍会继续为所有用户开发产品。非常感谢大家与我们同行，我们期待着能够再获得 2.5 亿用户。

2010 年 2 月 Facebook 6 周年时，扎克伯格发表的博文①

今天我们将庆祝 Facebook 的 6 周岁生日。在本周之前，Facebook 用户量将达到 4 亿。而一年前，Facebook 用户量还不到目前的一半。正是广大 Facebook 用户的大力支持，使我们的各项业务取得了重大进展，从而使全球公众的联系和开放程度大幅提高。

Facebook 于 6 年前的今天正式上线。当时我和我的室友共同开发了 Facebook，目的是为周围亲朋好友提供一种更快速信息共享、相互了解和联系的方式。我们希望 Facebook 能够改善公众的生活质量。在看到 Facebook 成长后，全球公众利用 Facebook 各项服务来共享各类信息并加强联系，我们对此感到非常欣慰。

就我个人而言，过去 6 年中，在我努力提高 Facebook 各项服务性能的同时，我也能通过该网站同校友、家庭成员和同事保持亲密联系。当其他用户通过 Facebook 获得了帮助或同他人共享信息后，无论对我还是其他人，都有着非同寻常的意义。

无论生活是喜是悲，公众都愿意同他人分享信息并相互帮助。正是人类的这种共有需求，激发了我们继续加强技术开发的热情，目的是进一步使公众的信息共享活动更为容易。

---

① 中涛编译，《Facebook 迎来 6 岁生日 CEO 称用户量即将达 4 亿》，腾讯科技，2010 年 2 月 5 日。http://tech.qq.com/a/20100205/000219.htm

为庆祝 Facebook 创建 6 周年和 Facebook 用户量达到 4 亿，我们正做我们最喜欢的工作——开发和推出用户喜欢的产品。今天晚上，我们将在 Facebook 总部举行庆祝会，届时我们将发布一些新产品和服务，其中一两项产品是专门应用户要求而推出的。我们随后将公布与此有关的详情。

在发布新产品后，我们将举行"黑客马拉松"大赛，Facebook 员工将通宵进行编程活动，并提出 Facebook 的新产品创意。

在此再次对用户的支持表示感谢。祝 Facebook 6 周岁生日快乐。今后我们将继续推出更多新产品，向广大 Facebook 用户提供更好的服务。

2010 年 5 月 F8 开发者技术大会召开前，扎克伯格发表的博文①

Facebook 一直专注于提供新产品和服务，以便于公众之间进行交流沟通，并同好友分享信息。我们认为这种理念很重要，原因是通过公众的交流、沟通等活动，改变了信息的流动方式。人们已越来越认识到这样一个事实：信息流通并不仅仅是通过网络链接来传播，而且也通过自己所关心的人和关注的事情来传播。

这种社交信息流具有大量优势，如使我们更容易做出决定、更容易与好友保持联系等。网络交流正呈现出更社交化、更个性化的特点，而 Facebook 已成为这种交流模式转型的一部分，我们对此深感自豪。

在 3 年前我们举行的首届 F8 开发者技术大会上，我引入了社交

---

① 中涛编译，《扎克伯格：同所有网站共同组建新型社交网络》，腾讯科技，2010 年 4 月 22 日。http：//tech.qq.com/a/20100422/000199.htm

图的理念。该理念的主要内容是：如果我们理清了公众之间的所有联系方式，以及这些用户所关注的事情，我们就可勾画出一张将所有人联系在一起的图表。Facebook 一直在致力于理清这种关系，并希望勾画出有关公众交流方式和相互关系图表的部分内容。

与此同时，其他网站和服务也在勾画该图表其他部分的内容，以便于用户能够获得其他事情的相关信息。如美国商铺评论网站 Yelp 勾画了美国地区商家同用户之间的关系，美国网络音乐服务商 Pandora 勾画了歌曲同用户兴趣之间的关系。

所有这些联系，都是社交图的重要组成部分。但截至目前，你还无法在 Yelp、Pandora 等网站轻松同你的 Facebook 好友共享信息。你也无法轻松将你在 Facebook 的好友介绍到这些网站中来，更无法对这些网站的服务加以定制。

在我们今天召开的第 3 届 F8 大会上，我们将提出新的解决方案，使所有网站能够密切配合，以勾画出更为全面的联系图表，并为所有网民带来更佳社交体验。我们已重新设计了 Facebook 平台，以向外部提供经过简化的套装工具，使外部网站也能向用户提供个性化体验，并勾画出用户沟通方式和相互关系的图表。

新版 Facebook 平台把用户放在了互联网产业的中心，它能让你积累自身互联网体验，并使这些体验具备更多社交元素。举例来说，如果你喜欢 Pandora 网站上的一个乐队，该信息将成为社交图的组成部分。如此一来，当你再次访问 Pandora 网站时，该网站就能通知你，你所喜欢的乐队即将到达你的居住地演出。开发社交图的威力在于：它能帮助你创建更为智能、更个性化的互联网，使你的上网活动更为有效。

我们认为，未来的互联网产业将充满个性化体验。我们已同三家事先选定好的合作伙伴合作，分别为微软 Docs、Yelp 和 Pandora，使用户能够初步感受一下这种个性化的未来互联网。通过我们的合作，你在访问外部网站时，不再需要重新登录或点击其他按钮。举例来说，从现在开始，如果你已经登录 Facebook，然后首次访问 Pandora 网站，该网站就能自动播放你喜欢的乐队的歌曲。在你播放这些歌曲过程中，Pandora 还能显示你的好友也正在听同一首歌曲。你也可以点击按钮，以查看好友喜欢的其他歌曲。

展望未来，互联网将带给用户轻松和个性化体验。我们今天召开的 F8 技术大会，就是为了实现该目标而迈出的重要一步。

2012 年 2 月 2 日申请 IPO 后，扎克伯格的公开信[①]

Facebook 的创建目的并非成为一家公司。它的诞生，是为了践行一种社会使命：让世界更加开放，更加紧密相连。

对于投资者而言，理解这一使命对于我们的意义，理解我们如何做出决定，以及我们为什么从事现在的工作，是一件非常重要的事情。我将在本文中阐述这些问题。

科技改变了人们传播和消费信息的方式，我们为之感到鼓舞。我们经常谈论印刷媒体和电视等发明，通过提高通信效率，它们发起了众多社会关键领域的深刻变革。它们让更多的人能够发出自己的声音，鼓励进步，改变社会组织方式，使我们更紧密地联系在一起。

今天，我们的社会走到了新的临界点。我们所处的时代，是一个大多数人都能够使用互联网和手机的时代，它们是分享所思、所感和所为的基本工具。Facebook 渴望提供服务，使人们拥有分享的力量，帮助他们再一次改造众多核心机构和产业。

---

① 彦飞、书聿、晓明、圣栎，《扎克伯格公开信：Facebook 拥有五大核心价值》，新浪科技，2012 年 2 月 2 日。http：//tech. sina. com. cn/i/2012 - 02 - 02/08476676940. shtml

让每个人紧密连接，能够发出自己的声音，并推动社会的未来变革，是一种迫切需求，也是一个巨大机遇。人类需要建设的技术基础设施的规模亘古未有，我们认为，这是值得关注的最重要的问题。

我们希望巩固人与人之间的联系

尽管这一使命博大宽泛，但"风起于青萍之末"，我们将从"两人关系"迈出第一步。

人际关系是社会的基本构成单元，是我们发现创意、理解世界并最终获得长久幸福的必经之途。Facebook 创造多种工具，帮助人们相互联系，分享观点，并以此拓展人们建立和维护人际关系的能力。

人们分享得越多，即便只是与密友或家人分享，文化就越开放，彼此之间的理解也就越深。我们相信，这可以在人与人之间创造更多、更强的关系，并且可以帮助人们获得更多的不同观点。

通过帮助人们建立这种联系，我们希望重塑人们传播和消费信息的方式。我们认为，世界的信息基础架构应当与社交图谱类似：以自下而上或对等关系为基础建立起一个网络，而不是目前这种自上而下的结构。我们还相信，赋予人们分享信息的控制权，是重塑这种方式的基本原则。

我们迄今为止已经帮助 8 亿多人建立了 1000 多亿个联系，我们的目标是推动这种重塑进程加速发展。

我们希望改善人们与企业和经济体系的联系

我们认为，一个更加开放、联系性更强的世界将有助于创建更强的经济体，在这个经济体中将出现更多可信的企业，从而生产更好的产品和服务。

随着人们分享的信息越来越多，他们通过自己信赖的人获取的有关产品和服务的信息也越来越多。这便简化了挖掘最佳产品的流程，而且可以改善他们的生活质量和生活效率。

通过简化寻找最佳产品的流程，可以让企业因为打造更好的产品而获得回报——所谓更好的产品，是指围绕人们的个性开发的有针对性的产品。我们发现，"通过设计而社交"（Social by Design）比传统的方式更具参与性，而我们也希望看到有更多产品向着这一方向发展。

我们的开发者平台已经推动数以百万的企业开发出质量更高、社交性更强的产品。我们在游戏、音乐和新闻行业看到了具有颠覆性的新方法，我们预计还将在更多行业看到类似的颠覆，而这些颠覆都将源于"通过设计而社交"的新方法来实现。

除了打造更好的产品，一个更加开放的世界还将鼓励企业与用户展开直接而可信的互动。已经有超过400万家企业在Facebook上建立起企业页面，他们可以借此与用户展开对话。我们也希望这一趋势继续发展。

我们希望改变人们与政府和社会机构的联系

我们相信开发帮助人们共享的工具可以带来更加坦诚和透明的政府对话，赋予人们更多直接权利，让政府官员更有责任感地提供解决部分重大问题的更优解决方案。

通过给予人们共享的能力，我们开始看到他们能够尽可能地表达自己观点，这些声音从数量上和规模上都得到了增长，不能被忽略。我们逐渐认为政府应该对问题和担忧给予更加快速的响应，因为这些担忧是通过所有人民直接反应而来，而不是其他选定的中间机构。

通过这一进程，我们认为世界将出现支持互联网并为人民权力奋斗的领导人，这其中包括人们共享他们想要的信息，获取任何想要共享信息的权力。

最终，随着更多经济体转向个性化高质量产品，我们预计能够解决创造就业岗位、教育和健康医疗等重大世界问题的社交新服务将出现。我们期待为这一进程尽其所能。

我们的使命和业务

正如我以上所说，Facebook 并不只是为创建公司而创建。我们总是关注我们的社交使命、服务及用户。对于一家上市公司来说，这是一种不同的途径，所以我想解释一下为什么该途径可行。

我想从第一版的 Facebook 说起，这是我希望存在的版本。自那时起，Facebook 涌现的大多数理念和代码大多来自我们招聘的人才团队，这些人因为我们的吸引力而来。虽然大多数人才主要关注开发和成为伟大产品的一部分，但是他们希望赚钱。通过打造人才团队，建立开发者社区、广告市场和投资者群，我们已经深刻理解如何打造一家强大的公司，强大经济引擎和强势经济增长是将众多人团结在一起解决重要问题的最好方式。

道理很简单：我们并不是为了赚钱开发服务，而是赚钱去开发更好的服务。我们认为这是一种开发产品的很好方式，这段时间以来，我认为越来越多的人开始使用不以利润最大化为目的的公司的服务。

通过专注于我们的使命和开发伟大的服务，从长期来看，我们将为股东和合作伙伴创造最大价值。其次，这将使得我们能够吸引最优秀的人才并开发更伟大的服务。我们早晨醒来后的第一目标不是赚钱，但是我们知道，完成我们最好使命的方式是打造最强大和最有价值的公司。

这也是我们对启动 IPO 的看法，我们为了投资者和员工而上市。

我们曾经对他们承诺给予他们权益，这些权益因为我们的努力工作获得，此次 IPO 将兑现我们的承诺。随着我们成为一家上市公司，我们也对新投资者做出了类似承诺，并将努力兑现。

"黑客方式"

作为我们构建一家强大公司计划的一部分，我们努力将 Facebook 变成用户的最佳平台，用以对世界产生重大影响，从其他用户那里学习。我们已经创建了独一无二的文化和管理方式——我们称之为"黑客方式"（Hacker Way）。

由于媒体将"黑客"描述成入侵电脑的人，这个词成了一个贬义词，这是不公平的。事实上，黑客的意思只是快速开发某样东西，或测试我们所能做的事情的界限。同许多事情一样，它有好坏两个方面，但我结识的绝大多数黑客都是具有理想主义的人，他们希望对世界作出积极贡献。

"黑客方式"是一种涉及不断改进和创新的态度。黑客们认为，有些事情始终可以变得更好，没有事情是完整的。他们必须不断对其进行改进，因为他们常常面对的人对现状感到不满意。

黑客们试图从长远角度构建最佳的服务，并且通过不断进行小规模创新而非奢望一劳永逸地解决问题来实现这个目标。为支持这一事业，我们已经构建了一个测试架构，在任何时间，这个架构都可以对数千个版本的 Facebook 进行测试。我们的座右铭是"行动比完美更重要"，提醒我们始终保持前进的动力。

黑客行为还是一种与生俱来的自觉纪律。黑客们不是对某个新创意是否可行或开发某件产品的最佳方式进行连续几天的无休止的讨论，而是亲自动手尝试。Facebook 办公室贴着一个黑客标语："代码胜于雄辩"。黑客文化还非常开放，面向精英阶层。黑客们认为，最佳创意应该总能笑到最后。

为鼓励这种方法，我们每隔几个月就会举行一次"黑客马拉松"（Hackathon）比赛，让人们依照他们的新创意开发产品模型。最后，整个团队会一同分析和研究开发出来的产品。我们最为成功的一些产品就来自于这种形式的比赛，例如时间线、聊天、视频、移动开发架构，以及 HipHop 等最为重要的基础架构。

为了保证我们所有的工程师分享这种办法，我们要求所有入职的新工程师必须接受一个名为 Bootcamp 的项目的考验，他们会从中学习到我们的代码、工具和方法。业界有许多工程部门负责人不愿亲自动手进行编码，但我们正在寻找注重实践的人才，他们愿意也能够通过 Bootcamp 的考验。

以上事例均与工程有关，但我们经过提炼，可以将这些原则概括为我们运营 Facebook 的五个核心价值：

关注影响力

如果我们希望对社会作出最大的贡献，实现这一途径的最佳办法就是确保我们始终专注于解决最重要的问题。这听上去简单，但我们认为大多数公司都做得不好，浪费了大量时间。我们期望 Facebook 的每一个人善于发现最大的问题并予以解决。

快速行动

快速行动使我们可以开发更多的东西，更快学习新知识。但是，随着大多数公司的壮大，发展速度开始大大放慢，因为他们更害怕犯错误。我们的座右铭是："快速行动起来，打破常规"。这个理念是，如果你从来不打破常规，你的前进速度可能就不够快。

勇敢无畏

打造不错的东西便意味着冒险。这或许让人感到害怕，使得大多数公司不敢从事他们应该做的事情。但是，在一个瞬息万变的世界，如果你不愿冒险，最终只会失败。我们的另一个座右铭是："最冒险的事情就是不冒任何风险。"我们鼓励每个人勇于尝试，即便这意味着会做错事。

保持开放

我们认为，一个更为开放的世界会变得更好，因为人们拥有更多信息，可以做出更好的决定，对社会作出更大的贡献。这同样也是我们公司的运营模式。我们尽力使 Facebook 的每一个人可以尽可能多地接触到公司各个方面的信息，这样，他们就能做出最好的决定，对公司产生最佳的影响。

培育社会价值

Facebook 的任务是让世界变得更加开放和联系得更紧密，而不仅仅是创建一家公司。我们希望 Facebook 的每一个人每天无论做什么，都能专注于为世界创造真正的价值。感谢大家抽出宝贵时间来阅读这封信。我们认为我们有机会对促进世界的发展作出重要贡献，同时打造一家长盛不衰的公司。我期待着与大家一起创建伟大的东西。

2012 年 4 月 10 日 Facebook 收购 Instagram 后，扎克伯格在博客上的声明[①]

我十分激动地与大家分享一个消息：我们已经同意收购 Insta-

---

① 唐风，《扎克伯格公开信：Instagram 品牌将被保留》新浪科技，2012 年 04 月 10 日。http：//tech. sina. com. cn/i/2012－04－10/01316931032. shtml

gram，其人才济济的团队也将加入 Facebook。

在过去几年里，我们一直致力于为用户与好友和家人分享照片创造最好的体验。现在，我们将与 Instagram 的团队展开更密切合作，为用户基于个人兴趣与他人分享靓丽的手机照片提供最好的体验。

我们相信这将是不同的体验，可互补互足。为了把这件事情做好，我们需要注意，要保留 Instagram 的优势和特性并将其发扬光大，而不仅是试图将所有特性都融入 Facebook。

这就是我们决心独立建设和发展 Instagram 的原因。全球范围内，有数千万人喜爱 Instagram 应用及其品牌，而我们的目标是在传播方面提供帮助，让更多人都知道这个应用和品牌。

我们认为，Instagram 与 Facebook 以外的其他服务有所联系，这个事实是用户体验的重要组成部分。我们计划保留 Instagram 的许多特性，例如与其他社交网络共享照片的能力、不在 Facebook 上共享 Instagram 照片（如果用户希望如此）的能力、获得关注者的能力以及关注 Facebook 好友以外用户的能力等。

这些及其他许多特性都是 Instagram 体验的重要组成部分，我们理解这一点。我们将尝试从 Instagram 体验中汲取经验，并在其他产品中也加入类似的特性。与此同时，我们将利用 Facebook 强大的工程团队和基础设施，帮助 Instagram 继续实现增长。

这对 Facebook 来说是个重要的里程碑，因为这是我们第一次收购拥有如此之多用户的产品和公司。我们不计划继续进行许多的此类交易，甚至有可能根本不再进行这种交易。但是，提供最好的照片共享体验是许多用户热爱 Facebook 的理由。我们知道，将这两家公司合为一体是值得去做的事情。

我们盼望着能与 Instagram 团队合作，对我们将可协力创造的所有伟大的新体验心存期盼。

扎克伯格的演讲

2005 年 10 月 26 日，扎克伯格在斯坦福大学 关于团队管理的演讲①

两件事你需要关注：第一，保持现有的；第二，持续发展。我们现有的就是完善的应用程序，我们要保持这种风格，不靠噱头和花招。同时，要在不破坏现有水准的前提下，关注那些持续发展的、容易扩大规模的产品或趋势。

我要作很多类似的决定，而且要靠直觉判断。我一直努力以最学术的态度去谨慎思考不同方式所能产生的不同结果，但多数时候，你必须先确定目标，知道你要什么，然后为了更好地实现这一目标而努力。

我要找的人得具备两个特征，第一是高智商。你可以聘请一位有 10 年工作经验的软件工程师，这个人如果做了 10 年软件工程师，可能这辈子都会做这行。这样挺好，这种人很能干，对公司很有帮助。还有另外一些人，他们聪明过人但缺乏工作经验，接受和学习新事物的速度很快，也能在短时间里做很多事，经验丰富的人往往

---

① 《扎克伯格语录：所有值得做的事都是十分困难的》，《中国企业家》2011 年第 19 期，第 85 页。

做不了这些事。第二种人是我迫切需要的。

第二，要对我们的事业有认同感。一个人无论多聪明并极富效率，但如果缺少认同感，他不会真正努力。我从斯坦福挑选了几个工程师，他们没有多少工作经验，但绝顶聪明，同时很想从事这个行业，愿意从最基础的工作做起，譬如创建 Facebook 相册。在我看来，这样的人比很多资深程序员更具价值。

我想你得站在一个更高的角度去设想未来的前景，你得有一个研发团队，他们可以一起开发你正在开发的产品，然后你就需要一个财务部，或是其他什么你以前觉得根本不需要的东西。比如去运营一个网站，使设施运转起来，来维持一个二三十人的开发团队，有了人手之后，你就要去监督他们的工作，但不能过分控制他们。他们都是很聪明的人，我们雇佣他们是因为他们有着绝佳的点子以及独立研发的能力，但你还要保证这些点子与产品和标准相符，或是在产品和研发方面都很出色，有点异想天开吧？

在 Facebook 里，有一点我十分关注，就是友好的企业文化，大家都泡在一起，我让员工留出 20% 的时间不去进行各自的项目，我让他们都待在一块儿。我不是让他们非得成为朋友，但可以让他们在与同事相处的时候觉得更舒服，交流得更自由，这不是一个很正式的规则，我觉得就该是这样，想都不用想，这样一来，我们就营造了一种文化，使人们可以随意交流，而且让他们能够比在官僚的机构中，或者比在个人观点不被重视的地方更好地了解彼此的想法，因为交流更顺畅了，思想互相碰撞，最终就会有人开始着手做些什么，这样就行了。

2010 年，扎克伯格关于产品开发的演讲[①]

当我们设计应用程序的时候，我们并不注重单一用户的使用体验，而更关注其是否有益于整个社区和产品。这就需要在开发产品的各个环节进行取舍。可能你注意到你不能浏览其他学校的人的信息，这就是一种取舍后的结果。

你们有些人对此不太了解，我们将用户按照学校分类，所以只有来自相同学校的人才能互相看到对方的信息和联系方式。之所以这样做，是因为我们发现人们更乐于关注身边的人的信息。如果我们把空间扩展到所有人都可以浏览你的信息，那可能也不错，谁你都找得到，但是可能你就不愿意把你的手机号放上去了。

超过三成的 Facebook 用户在注册时登记过电话号码，这对我们这个应用是很重要的，所以在设计产品的时候就要做这种取舍。我觉得这样做好像不对，一直在想什么会更有用？要么将用户信息对所有人开放，但这却让人们觉得在这样的网络中分享自己的所感所想不太安全，还是仅将更多的用户信息和状态展示给少部分与该用户有关的人？我要做很多类似的决定，而且这些决定是要靠直觉判断的。

我们一直努力以最学术的态度去谨慎地思考不同方式所能产生的不同结果。但多数时候，你得先确定你的目标，你要的是什么。对我们来说，目标是寻求长期的整个社区及用户群体的利益最大化，注意是长期的，而不是短期的；然后就是为更好地达到这一目标而努力。

---

① 刘琪译，《facebook 创始人扎克伯格：Facebook 的产品研发》新浪视频，2011 年 4 月 7 日。http://video.baby.sina.com.cn/v/b/49752731 – 2036021381.html

参考书目

［1］（美）盎格文．《谁偷了 MY SPACE：被社交网络改变的疯狂世界》．吕敬娇，译．北京：中信出版社，2011

［2］林志共，王静．《facebook 之父马克·扎克伯格：后乔布斯时代的传奇》．北京：新世界出版社，2012

［3］（美）大卫·柯克帕特里克．《Facebook 效应》．沈路，梁军，崔筝，译．北京：华文出版社，2010

［4］（美）本·麦兹里奇．《Facebook：关于性、金钱、天才和背叛》．马小艳，译．北京：中信出版社，2010

［5］史宗玮．《社交网络时代：SNS 引发商务与社会变革》．北京：人民邮电出版社，2011

［6］（美）斯科特．《新规则：社会化媒体营销和公关》．赵俐，谢俊，张婧妍，译．北京：机械工业出版社，2011

［7］（美）沃尔特·艾萨克森．《史蒂夫·乔布斯传》．管延圻，魏群，余倩，赵萌萌，译．北京：中信出版社，2011

［8］（加）贝尔纳·布尔蒂克斯．《梦与钱的距离——马克·扎克伯格》．舒展，译．南京：江苏人民出版社，2012

［9］李彦宏．《硅谷商战》．北京：清华大学出版社，1999

［10］谢文．《为什么中国没出 Facebook》．南京：凤凰出版社，2011

[11]（美）丹尼尔·沙勒夫.《隐私不保的年代》. 林铮颢，译.
南京：江苏人民出版社，2011

[12]（美）祖克曼.《史上最伟大的交易》. 施轶，译. 北京：中
国人民大学出版社，2010

[13] 财富中文网 http：//www. fortunechina. com/

[14]《福布斯》杂志中文版网站 http：//www. forbeschina. com/

[15]《创业家》杂志网站 http：//www. chuangyejia. com/